新貿易立国論

大泉啓一郎

文春新書

1170

新貿易立国論●目次

東南アジア・中国南東部　地図

序章　貿易立国の復活に向けて

「坂の上の雲」は見えているか

「まことに小さな国が、開化期をむかえようとしている」

この一文で始まるのは司馬遼太郎氏の代表作『坂の上の雲』である。明治という時代に坂の上の雲を目指すがごとく邁進してきた日本の姿を、俳人・正岡子規、陸軍・秋山好古、海軍・秋山真之の三人に焦点を当てて、書き上げた小説である。

明治以降、経済面でもわが国は列強に対抗するために国家の近代化を目指し、坂道を懸命に駆け上がってきた。その柱となる工業化を進めるためには、原材料や機械・鉄鋼など物資の輸入に充てる外貨が必要だ。それを工面するため、官民は綿糸や生糸の生産と輸出に全力をあげた。2014年に世界遺産に登録された富岡製糸場はその担い手のひとつである。第二次世界大戦直前には、わが国の輸出は国内総生産（GDP）の4割近くを占めるまで成長した。

しかし、昭和の度重なる戦争のなかで経済は疲弊し、せっかく築き上げた工業インフラのほぼすべてを失ってしまった。

終戦から3年を経た1948年の輸出額はたった3億ドル強にすぎなかった。世界輸出に占めるシェアでいえば、わずか0・4％である。

官民は、当初は貧困からの脱出を、後には先進国入りを、新たな「坂の上の雲」と定め、坂道を再び登り始めた。そのなりふり構わぬ様は、海外から「エコノミックアニマル」と揶揄された。されど、天然資源の多くを海外に依存する日本は貿易で身を立てるしか道はなかった。

気がつけば、60年代の高度成長期を経て、70年代にわが国はアメリカ、ドイツに次ぐ、世界第3位の輸出大国にのし上がっていたのである。80年代半ばには、日本の輸出が世界に占めるシェアは10％台に迫っていた（次ページ**図表0－1**）。

人口規模では世界の3％にも満たない国の輸出の世界シェアが二桁に及ぶようになった事実は世界中の耳目を集めた。工業製品に限れば15％近くになる。

戦後20年以上にわたって日本製品は「安かろう、悪かろう」と酷評されてきたが、いつのまにか「メイド・イン・ジャパン」は高品質の代名詞になっていた。

こうして日本は輸出を梃子にアジアで真っ先に先進国入りを果たし、「貿易立国」を成し遂げた。

その輸出が90年代以降、振るわない。

図表0‐1　日本の対世界輸出額とシェア

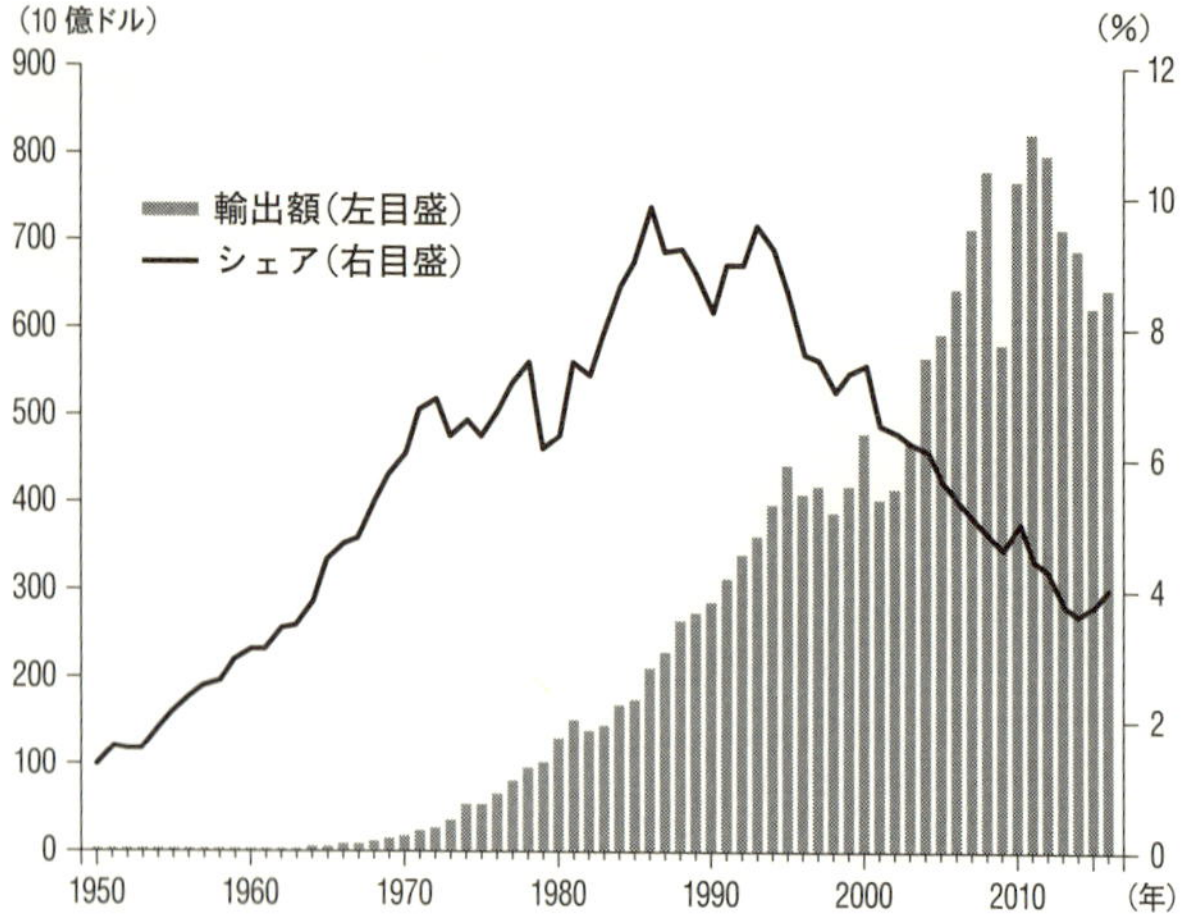

(出所) UNCTAD STAT より作成

図表0‐1の右側が示すように、輸出が世界に占めるシェアは90年代半ば以降、急速に低下し、2000年には7・4%、そして16年には4・0%になった。

シェアだけではない。金額(ドルベース)も減少傾向にある。11年に貿易収支は31年ぶりに赤字に転落した。

この赤字転落の直接的な原因は、東日本大震災以降の原発停止にともなう液化天然ガスの輸入の急増であった。液化天然ガスを含めた鉱物性燃料の輸入は、10年の1990億ドルから11年には2750億ドルへと40%も膨れ上がった。鉱物性燃料の輸入は全体の3

図表0-2　日本の貿易収支（品目別）

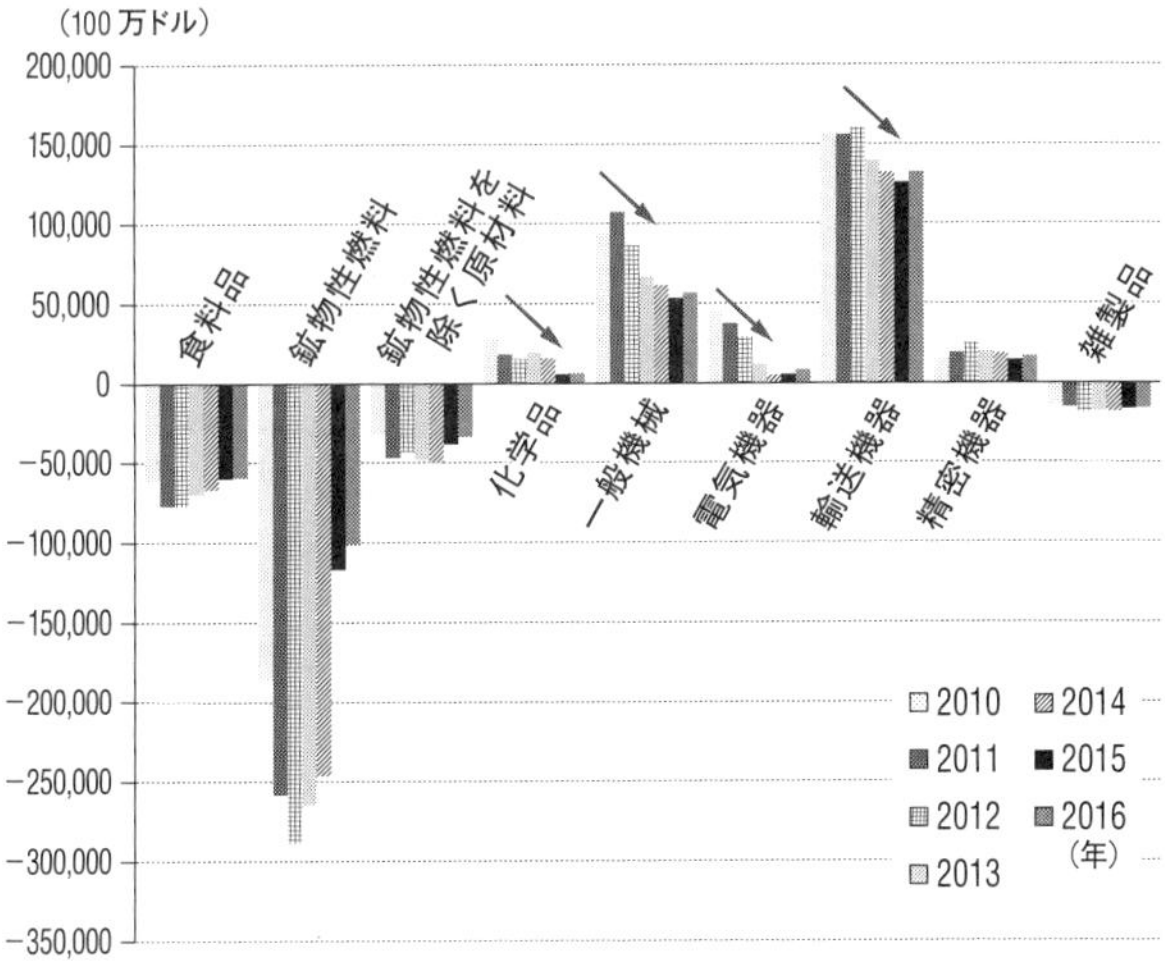

（出所）UN Comtrade Databaseより作成

割を占めており、天然資源のほとんどを海外に依存するという日本の弱点があらわになった。

とはいえ、この貿易収支悪化の原因を鉱物性資源の輸入急増だけに求めるのは妥当ではない。これまで日本の輸出をけん引してきた工業製品の収支が悪化しているからである。**図表0―2**は、品目別に貿易収支の変化を示したものである。

これをみると鉱物性燃料の赤字幅が突出して大きいこと、そしてその赤字のほとんどを、自動車を中心とする輸送機器の貿易黒字が補塡していることがわかる。

ここで注意したいのは、化学品や、生産機械などの一般機械、電気機器、そして自動車を含む輸送機器の黒字幅が、いずれも縮小傾向にあることである。これらを合算した黒字幅は11年の３２００億ドルから、16年には２１５０億ドルと3割以上も減少した。16年には鉱物性燃料の赤字が１０２０億ドルへと減少したことで貿易収支も黒字に復帰したが、黒字幅は３７０億ドルと、震災前（10年）の７６０億ドルの半分程度にすぎない。

つまり日本はもはや貿易大国ではないのだ。「貿易立国」日本は黄昏を迎えているようにみえる。

ＴＰＰやＥＰＡは特効薬ではない

天然資源のほとんどを海外に依存するという宿命を負う日本は、成長を維持するだけでなく、生き延びていくためにも貿易立国という旗をおろすわけにはいかない。

むろん日本政府は、この輸出の不振を傍観してきたわけではない。貿易立国を維持しようと、さまざまな通商政策を展開してきた。

とくに２０００年以降は、自由貿易協定（ＦＴＡ）を含む経済連携協定（ＥＰＡ）交渉に積極的に取り組んできた。ＦＴＡとは、関税や輸入割当などの規制を撤廃・緩和する協定であり、EPAはこれに投資規制の緩和や知的財産権の保護などを加えた包括的な協定である。

図表0―3が示すように2002年のシンガポールとのEPAを皮切りに、17年12月時点で、16ヶ国・地域との間でEPA・FTAを発効・署名している。

TPP（環太平洋経済連携協定）についてはアメリカ・トランプ政権が離脱を発表した後も、日本政府は足並みの乱れる11ヶ国をまとめあげ、18年3月に再び署名へこぎ着けた。また、EU（欧州連合）との経済協定の交渉も妥結した。

図表0-3　わが国のEPA（経済連携協定）発効国・地域（2017年12月現在）

国・地域	発効・署名日
発効	
シンガポール	2002年11月
メキシコ	2005年 4月
マレーシア	2006年 7月
チリ	2007年 9月
タイ	2007年11月
ブルネイ	2008年 7月
インドネシア	2008年 7月
フィリピン	2008年12月
ASEAN	2008年12月
スイス	2009年 9月
ベトナム	2009年10月
インド	2011年 8月
ペルー	2012年 3月
豪州	2015年 1月
モンゴル	2016年 6月
署名	
TPP	2016年 2月

（出所）外務省HPより作成

とはいえ、EPA・FTAの発効だけに、貿易立国の復活を期待するのは楽観的に過ぎる。

なぜなら、本書が主張するように日本の輸出競争力の低下は、90年代以降の経済のグローバル化を背景とする新興国・途上国の台頭に影響を受けたものであるからだ。

技術進歩にともなう輸送コストと通信コストの低下に加え、多国籍企業のグローバルな事業展開は新興国・途上国の技術レベルを格段に向上させた。戦後、日本が坂道を駆け上がってきた時代とは、国際環境が大きく異なるのである。

もちろん関税の撤廃や関税率の引き下げは日本の輸出拡大にプラスに作用する。しかし、「日本製品の技術力は高く、ブランド力もあるのだから、関税率の引き下げによって価格競争力さえ高まれば、貿易立国として復活できる」といった構造は、すでにこの世界にはない。

わが国は、スマートフォンやパソコン、液晶パネルや半導体などの電子電機部門で韓国や台湾に圧倒されており、自動車を含む輸送機器や生産機械などの一般機械を巡ってはドイツやアメリカとし烈なシェア争いを演じている。

そして一般化（コモディティ化）した製品は、中国をはじめとする新興国・途上国による生産と輸出に次々と置き換わっている。

人口減少により国内市場が大幅に拡大することが見込めない現状を踏まえ、「海外市場の活力を輸出によって取り込むことが重要である」との認識は国内に浸透しているものの、事態は思うように進んでいない。

このような現状について経済学者の野口悠紀雄は『製造業が日本を滅ぼす』で、わが国は、貿易収支黒字に頼る「貿易立国」ではなく、増加する所得収支黒字を活かした「金融立国」に移行すべきだと主張した。

たしかに、製造業のＧＤＰシェアは2割前後であり、製造業就業者比率も90年代なかばの23％から、15年には16％に低下している。就業者数でみれば１０００万人を割り込むのも時間の問題である。外貨の獲得を輸出のみに頼る時代は終わったのかもしれない。

それでも経済学者の小峰隆夫らが『貿易の知識』で指摘するように、90年代以降、日本経済に、海外の需要拡大を輸出で取り込むことで生産や企業業績が上向くと、設備投資が増え始め、それによる雇用の拡大と賃金の増大が家計消費を増やす、という傾向があるのなら、製造業は引き続き重要な存在である。

今後、日本の進むべき先が金融立国であるとしても、その移行をスムーズに進めるためには、製造業の競争力強化が不可避であると考えるべきであろう。

図表 0–4　先進国と新興国・途上国の輸出入シェア

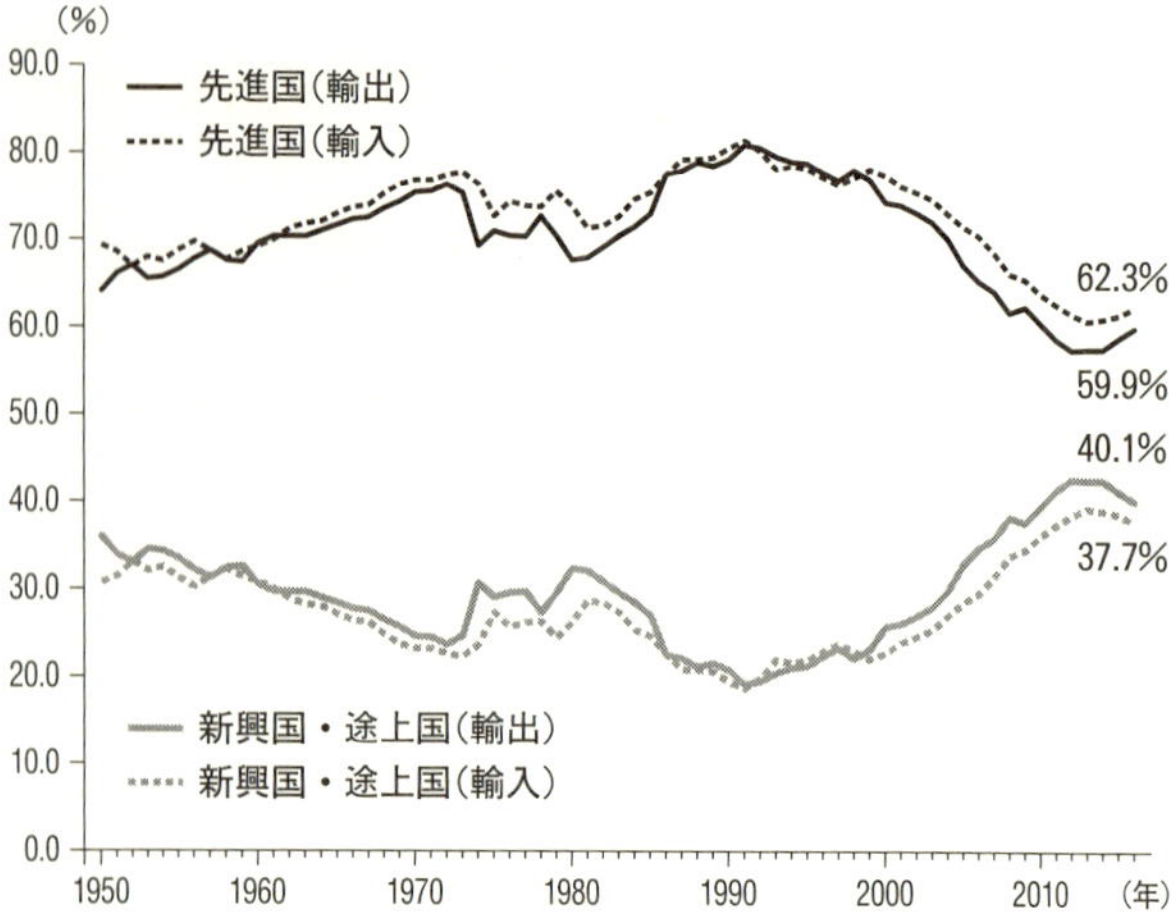

（注）数値は 2016 年
（出所）UNCTAD STAT より作成

新興国・途上国経済の台頭

１９９０年代以降の経済グローバル化のなかで、坂道を駆け上がってきたのは、中国をはじめとする新興国・途上国である。

新興国・途上国の輸出品目には、安価な労働力を活用した労働集約的な製品だけでなく、ハイテク機械・機器も含まれるようになってきた。先進国だけでなく、新興国・途上国とも国際市場を巡って競争しなくてはならない時代に移り変わろうとしている。

図表０–４は先進国と新興国・途上国の輸出入比率の推移をみたもの

である。

先進国の輸出入比率は2000年代半ばまで世界全体の7割から8割を占めていた。当時の世界貿易は、先進国が工業製品を輸出し、新興国・途上国が天然資源や原材料を輸出するという分業関係にあった。

また新興国・途上国は、使用できる外貨に制限があったため、先進国の生産する工業製品を十分に輸入することができなかった。そのため輸入比率は、輸出比率よりも、さらに低水準にとどまった。つまり世界貿易の主役は輸出入双方において先進国だったのである。

この長く続いた貿易関係は、ここ10年ほどで大きく変化している。図表の右側が示すように、先進国の輸出入比率は急速に低下している。

振り返れば、90年代は戦後続いてきた政治経済秩序の転換点だったといえる。

政治面では、旧ソ連が崩壊し、「東西問題」が解消（冷戦構造が終結）した。経済面では新興国・途上国の経済が恒常的に上向き、「南北問題」が緩和し始めた時期にあたる。

とくにアジアでは、韓国、台湾、香港、シンガポールのＮＩＥｓ（新興工業経済地域。本書では先進国に区分する）に続き、タイ、マレーシア、インドネシアなどのＡＳＥＡＮ（東南アジア諸国連合）新興国・途上国、そして中国の経済が急伸長し始めた時期であった。

その他、多くの新興国・途上国も、安価な労働力を活用した労働集約的な製品の生産から工業化をスタートさせた。

そして90年代末には、縫製や加工に多くの人手が必要なことから、労働集約的な製品の代表というべき衣料・衣服の輸出額で、新興国・途上国は先進国を上回った。世界貿易の特徴は、新興国・途上国が労働集約的な製品を輸出し、先進国は機械や設備を必要とする資本集約的な製品や、ハイテクを駆使した技術集約的な製品を輸出するという分業関係に移行した。

さらに21世紀に入ると、新興国・途上国の技術水準は急上昇し、資本集約的・技術集約的製品を生産、輸出できるようになった。たとえば自動車やコンピュータなどの高技術製品の新興国・途上国の輸出シェアは、2000年の16%から16年には32%に倍増した。

加えて、IoT（モノのインターネット）、3Dプリンター、フィンテックなどのデジタル技術が新興国・途上国の競争力をさらに向上させるよう作用している。

デジタル技術の開発は今後も先進国がけん引して進むと考えられるが、デジタル技術の活用は新興国・途上国でも可能である。実際、中国は「中国製造2025」、タイは「タイランド4・0」という、デジタル技術を取り入れた開発戦略をすでに実施している。

また、新興国・途上国では、配車アプリや携帯電話を介した決済など、デジタル技術を活用したビジネスが次々に立ち上がりつつある。新興国・途上国発のデジタル製品が生産・輸出されることもそう遠い未来の話ではない。すでに中国・深圳《しんせん》では最先端の機能を備えたドローンが開発されている。

世界貿易は、先進国と新興国・途上国の区別がなく、先進国がデジタル化で後れをとることもある「下剋上」の時代に突入した、と考えた方がいいのかもしれない。

このような変化を考えると、新興国・途上国の輸出シェアは近年、若干低下する動きをみせているものの、2030年頃には先進国のそれを上回る可能性が高い。

つまり、日本の輸出低迷は、経済のグローバル化を背景とした新興国・途上国の台頭が強く影響しているのである。そうであるならば、わが国が貿易立国として復活するためには、この新興国・途上国の台頭に対処した戦略が必要となる。

過去の成功体験にとらわれず、世界全体で起こっていることをいま一度、確認し、これから起こりうることを検討することが本書の課題である。

新しい「坂の上の雲」を描く

当然のことながら、わが国の輸出低迷が日本企業の競争力低下を直接、意味するものではない。日本企業の生産がグローバルに展開されてきたことも、わが国の輸出低迷に少なからず影響を及ぼしているからである。

国際協力銀行（ＪＢＩＣ）「わが国製造業企業の海外事業展開に関する調査報告」（２０１７年）によれば、わが国の製造業の海外生産比率は２００１年度の24・６％から16年度には35％に上昇した。なかでも日本の主力産業である電子電機製品と自動車の海外生産比率は、それぞれ42・９％、46・２％とさらに高い。

日本企業は80年代後半以降の円高のなかで、新興国・途上国に生産拠点を積極的に移転してきた。現在では多くの日系企業の製品が新興国・途上国で生産され、輸出されている。

このようなことを考えれば、若干、円安が進んだところで、日本からの輸出が直ちに回復すると考えるべきではない。また、円安が進めば、中国にある生産拠点が日本国内に回帰するという見方があるが、それは期待薄である。日本と中国の労働コストの格差は若干の円安で是正されるレベルではないからだ。

ＪＥＴＲＯ（日本貿易振興機構）の「第26回アジア・オセアニア主要都市・地域の投資

関連コスト比較」（2016年）によれば、一般工職の月額基本給は、東京都が2356ドルであるのに対し、中国の上海市は477ドルと、約5倍の格差が存在する。

たとえ上海市の賃金水準が日本と変わらないレベルまで上昇したとしても、上海市で操業する日本企業の多くはさらに安価な労働力を求めて、中国の内陸部や他の新興国・途上国に生産拠点を移転するだけである。生産拠点を日本に引きあげる企業は、日本国内を市場とする企業であり、それは少数派とみるべきであろう。

このような状況に配慮すれば、国内では競争力の高い製品の開発を続ける一方で、それ以外は新興国・途上国に生産拠点を移転するという戦略が有効である。これは「メイド・イン・ジャパン」と「メイド・バイ・ジャパン」という戦略の使い分けと言い換えてもいい。これらについては後ほど詳しく述べていきたい。

こうした戦略をたてる際には、海外で日本企業が活躍し、そこで生み出した利益を、日本国内へ還流させるような制度作りが大切である。そのような価値連鎖、すなわちグローバル・バリューチェーンの構築が求められるのだ。

本書は、この新しいグローバル・バリューチェーンのパートナーとしてASEANに注目した。なぜなら、日本企業は四半世紀を超えてASEANに直接投資を行ってきた結果、国内の工業地帯にも匹敵する巨大な集積地をＡＳＥＡＮに有しているからである。また、変化の早い世界情勢に対応しなければならない現実を考えれば、すでに存在する集積地の活用が望ましい。

他方、日本国内では、先進国と新興国・途上国の高所得層にターゲットを絞った輸出、つまり世界が欲する新しい製品の開発に注力すべきである。このような国内での選択と集中を実現するためにもＡＳＥＡＮとの連携が重要になる。

「いや、パートナーはＡＳＥＡＮではなく中国だ」という意見もあるだろう。たしかに日本企業が中国の生産拠点から他の新興国・途上国を狙うという戦略もある。しかし中国における事業展開には種々の制約がある。中国国内市場を対象とする場合には合弁企業の設立が義務づけられること、そのパートナーの多くは国有企業であること、また、利益などの資本を国外へ持ちだすことは厳しく制限されていること、制度が突然変更されることが多いこと、などが挙げられる。これらを考慮すると、中国を柔軟なグローバル・サプライチェーンの中心とするのは難しい。

また、すでに中国を中心とするサプライチェーンを持っていたとしても、前述のような中国における事業に伴う投資リスク、政治リスクを考えれば、他の国・地域を中心とするサプライチェーンを持っておくことは有用であろう。それがASEANを中心とするサプライチェーンなのである。

21世紀に勝ち残るためには、中国経済を特別視するのではなく、新興国・途上国が台頭するという世界経済の新潮流を読み解くことである。そうしないと、ASEANだけでなく、成長軌道に乗りつつあるインドやアフリカ諸国経済の胎動を見逃してしまうことになりかねない。中国経済の躍進もその文脈で解釈した方がいい。

本書がASEANに着目したのも、ASEANもまた新興国・途上国台頭の潮流のなかで成長している地域であるからにほかならない。さらに、所得格差の異なる国が隣接するASEANにおける経済統合は、新しいサプライチェーンを形成する機会になっていることも見逃せない。

もっとも、ASEANを中心とするサプライチェーンの一角に、中国の生産拠点も組み込んでいくという柔軟性は必要である。さらに、中国の強力な競争力を徹底分析し、それに対抗するためには何が必要かを考え続けることが、ASEANのサプライチェーンを強化する方法を見出すきっかけとなろう。それは日本が貿易立国を維持するために資する教訓になるとも考える。

私たちの目は先進国との競争に向きがちであるが、いま求められているのは、ライバルであり、パートナーでもある新興国・途上国の潜在力を客観的に評価し、新しい事業モデルを検討することである。つまり、貿易立国であり続けるためには、新興国・途上国経済の台頭のダイナミズムを理解し、対応することが重要であるというのが、本書を貫くメッセージである。

本書は新興国・途上国が台頭する時代の「新貿易立国論」であり、新しい「坂の上の雲」を描くという作業といえるかもしれない。

本書の構成

本書の構成と概要は以下の通りである。

第1章では世界貿易において日本のプレゼンスが低下していることを確認する。それが新興国・途上国の台頭に原因していることを、アメリカと中国という二大市場での変化から明らかにする。

第2章ではこの新興国・途上国経済が台頭してきた背景や特徴について考察する。そこでは、情報の拡散が加速する現在において新興国・途上国の躍進は不可逆的なトレンドであることを指摘する。その上で、新興国・途上国の牽引役は「国」ではなく「地域」であることを示す。

第3章では、新興国・途上国経済が台頭する時代において、ASEANと日本の関係も急速に変化していることを指摘する。重要なのは、国内の工業地帯に匹敵する集積地を日本企業がASEANに形成しており、その活用が日本と日本企業の持続的成長に重要な鍵を握るということである。

第4章では、ASEANから中国やインドなどの新興国を狙うという戦略（メイド・バイ・ジャパン戦略）を検討する。その際にASEANと中国、インドとのFTAは追い風になる。新興国・途上国向けの輸出を強化する施策として、ASEAN共同体を活用した新しいサプライチェーンを、タイを事例に考える。具体的には、近隣諸国を巻き込んだ「タイプラスワン」というビジネスモデルと、デジタル技術を導入した生産性向上策を考察する。

第5章では、中長期的なASEANとの連携強化の方向性を「ともに成長する」をキーワードに検討する。そこでは政治、企業、人というレベルに区別して考察する。

第6章では拡大する富裕層をターゲットにして、日本の輸出拡大を狙う戦略を検討する

（メイド・イン・ジャパン戦略）。とくに大都市で急増する高所得層を対象とした越境EC（電子商取引）が日本の輸出拡大の新しい機会であることを指摘する。

そして第7章では、日本の競争力を高めるための視点を提示する。

本書が不透明な未来を考える際に、何らかの参考になれば、望外の喜びである。

なお、本書では先進国と新興国・途上国はIMF（国際通貨基金）の定義に従った。

http://www.imf.org/external/pubs/ft/weo/2015/02/weodata/index.aspx

先進国として含まれる国・地域は、オーストラリア、オーストリア、ベルギー、カナダ、キプロス、チェコ、デンマーク、エストニア、フィンランド、フランス、ドイツ、ギリシャ、香港、アイスランド、アイルランド、イスラエル、イタリア、日本、韓国、ラトビア、リトアニア、ルクセンブルク、マルタ、オランダ、ニュージーランド、ノルウェー、ポルトガル、サンマリノ、シンガポール、スロバキア、スロベニア、スペイン、スウェーデン、スイス、台湾、イギリス、アメリカの37ヶ国・地域である。それ以外の国・地域を新興国・途上国とした。

第1章　変わる日本の立ち位置

焼け野原からのスタート

新しい「坂の上の雲」を見出すためには、楽観論も、悲観論も必要ない。大切なのは、ただひたすらに現実を直視して戦略を練り続けることである。

序章でみたように、日本の輸出が世界に占めるシェアは、1990年代半ば以降、急速に低下し、2016年は4%でしかない。しかも金額（ドルベース）も減少傾向にある。16年以降、金額ベースでは増加しているが、日本のプレゼンスが回復に向かっているとみるのは早計である。

現在の立ち位置を明確にするために、戦後わが国の輸出がどのように変化してきたかを確認することから始めよう。

序章で述べたように、第二次世界大戦は、国内の工業インフラをことごとく破壊した。戦後、わが国は焼け野原から再出発したが、当初は必要物資の手当さえ困難という過酷な状況だった。当時の輸入の内訳をみると、半分以上が食糧品であり、その多くはアメリカの援助などによって賄われていた。輸出できる工業製品といえば繊維製品くらいしかなく、世界で占めるシェアは1%にも満たなかった。

とはいえ、わが国が貧困から脱するには、再び工業化し、そして輸出を拡大していく以外に選択肢はなかった。『通商白書』（１９４９年）は、「今やわが国の経済は輸出の画期的な振興に待つ外、その活路を見出し難い実状にある」と記している。

政府は、新憲法の公布に加え、農地改革、財閥解体など経済制度改革を断行する一方で、貿易立国への坂道を登る計画を練った。その仕組みとして、まず50年に日本輸出銀行（後に日本輸出入銀行に改称、現在の国際協力銀行）を設立。輸出入の資金を工面しようとした。その翌年に日本開発銀行（現在の日本政策投資銀行）を設立して、国内の工業化を資金面で支えようとした。これに民間企業の努力があわさり、事態は徐々に改善に向かった。

そして、56年の『経済白書』で「もはや戦後ではない」と宣言するところまでこぎつけたのである。

その後の日本は坂道を一気に駆け上がるがごとく先進国への道をつき進んだ。

50年代半ば以降、資金を重化学工業に傾斜的に配分するという産業育成策のもと設備投資を拡大させたことは、国内経済を活性化させるだけでなく、輸出増大にも寄与した。これにより繊維製品などの軽工業製品を中心とした輸出構造は、鉄鋼など重工業製品を中心とするものに移行し、日本経済が高度成長期に突入した63年には、重化学工業製品の輸出が全体の50％を超えた。

64年に、わが国は先進国入りを意味するＩＭＦ８条国（資本規制の撤廃）となり、ＯＥＣＤ（経済協力開発機構）への加盟を果たした。日本はアジアで最も早く先進国入りを果たした国である。65年の日本の輸出額は85億ドルで、世界に占めるシェアも４％を超えるようになった。

危機を乗り切った日本

もちろん課題がなかったわけではない。

たとえば、『通商白書』（１９６５年）は、アメリカ市場において日本製品は安価な大衆品、つまり中低級品としてしか受けとられていないと記している。

そして、成長を支えてきた豊富な労働力と外国から導入した技術に強く依存する産業構造から脱却することを、次なる課題に据えた。これは、中国やＡＳＥＡＮ諸国などが現在直面している問題、いわゆる「中所得国の罠」を、わが国も60年代に経験したことを示している（「中所得国の罠」については第5章参照）。

それだけではない。71年のスミソニアン協定によって円ドルレートは切り上げられ、その後の変動相場制への移行も相まって、１ドルは３６０円から３０８円へ、70年代後半には２１０円へと、輸出に不利な円高が進んだ。

さらに、70年代は二度の石油危機に見舞われている。

原油輸入価格は、72年の１バレル１～２ドルから第一次石油危機で５ドルへ、79年には第二次石油危機で24ドルに上昇した。原油をほぼ全量輸入に依存しているわが国は、狂乱物価とも呼ばれるインフレーションを経験し、74年には戦後初めてのマイナス成長を記録した。

しかし特記すべきことは、このような逆境のなかで、わが国は産業構造の転換を果敢に進め、「中所得国の罠」を克服したことである。主要輸出品は船舶、鉄鋼などの重工業製品から自動車、家電、精密機器などの高技術製品に移行した。

また、経済環境が悪化するなかで、企業レベルでも技術開発が進んだ。たとえば、本田技研の低公害エンジン（ＣＶＣＣ：Compound Vortex Controlled Combustion）は72年に生まれた。

加えて、製品の品質も格段に向上した。「安かろう、悪かろう」と呼ばれていた日本製品は、いつしか「メイド・イン・ジャパン」として高品質の代名詞となっていた。

85年の輸出額は1770億ドルとなり、世界に占めるシェアは9％に上昇した。人口では世界の3％にも満たないわが国が輸出額では世界の2ケタを占めようとしていた。その日本企業の特有の生産活動、品質管理（QC）や改善（カイゼン）運動は世界中に広まった。日本的経営を評価した、エズラ・F・ヴォーゲル『ジャパンアズナンバーワン』が世界中で読まれた。

このころになると、『通商白書』にも自信にあふれた記述が増えるようになる。たとえば、80年の『通商白書』は、「日本の欧米諸国との技術格差はほとんどなくなっている」という認識を示すとともに、「日本は、これまでの『受け身の姿勢』を脱して、積極的に国際社会に貢献していかねばならない。日本が国際社会の有力な一員として、その責務を果たしていくことは、日本が尊敬され、敬意を受ける国になることであり、これは日本の立場への理解を深めることになる」という決意を示している。

戦後から80年代半ばまでの日本経済は坂道を一気に駆け上がる馬力を持っていた。

加工貿易の終焉

ここまでみてきたように、戦後のわが国の貿易は、原材料を海外から輸入し、国内で加工した最終製品（最終財）を世界中に輸出する、いわゆる「加工貿易」を特徴としていた。このことから、日本は「アジアの工場」とも呼ばれた。

この加工貿易は1985年9月の「プラザ合意」をきっかけに大きく転換することになった。

プラザ合意とは、アメリカ・ニューヨークのプラザホテルで開催された先進5ヶ国蔵相・中央銀行総裁会議においての合意事項である。これにより各国はドル高是正に向けた協調路線に踏み切ることになった。

その結果、円ドルレートは、85年9月の1ドル237円から87年12月には128円に高騰した（次ページ**図表1-1**）。これは、たった2年間で輸出製品の価格（ドルレート）が2倍近くになることを意味する。

当然、輸出競争力が弱まることが危惧された。

しかし、この時期の日本の輸出は意外にも健闘した。輸出額は、85年の1770億ドルから90年には2870億ドルと、むしろ加速ともいえる増加をみせたのである。

これは「Jカーブ効果」と呼ばれる現象だと考えられる。

Jカーブ効果とは、円高直後には、輸出数量が減少するものの、輸出品の価格上昇の効

図表1-1　為替レートと海外直接投資

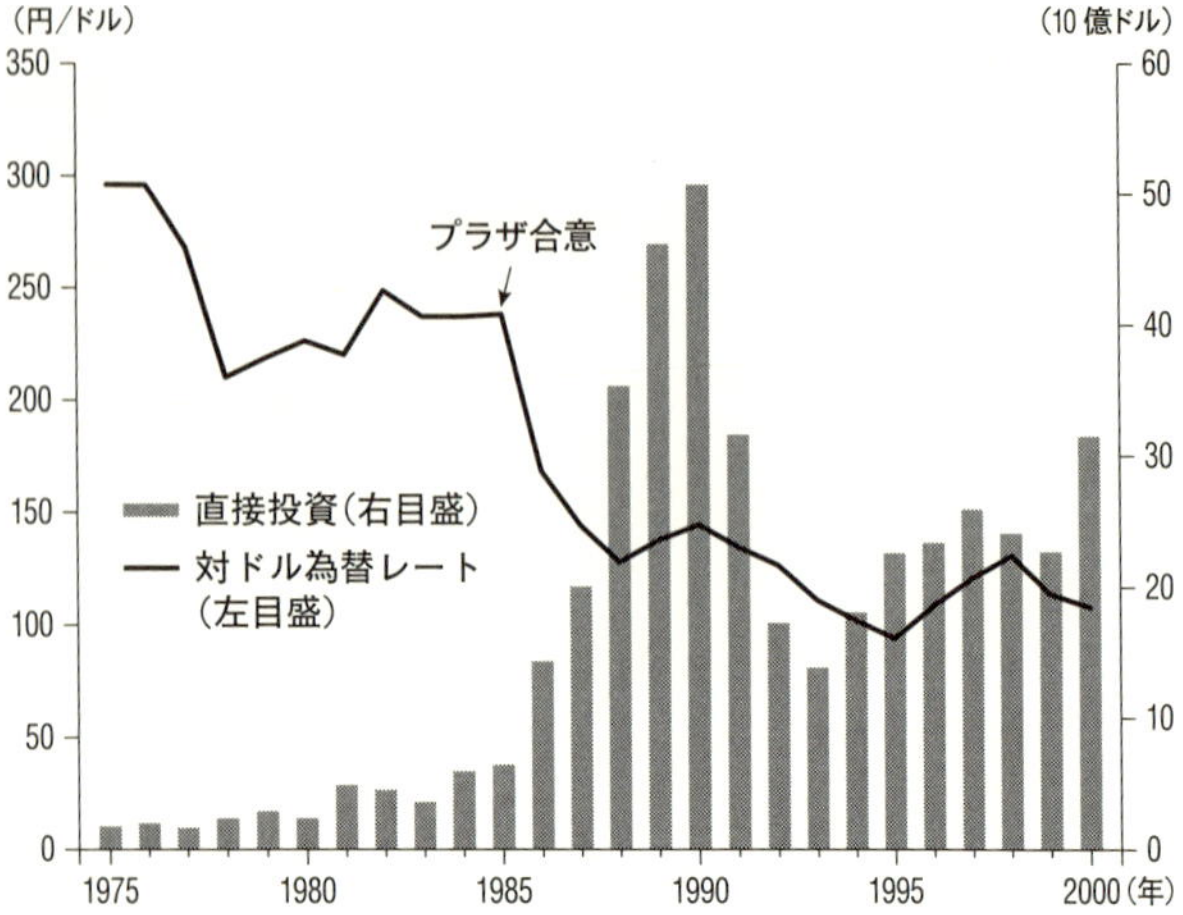

(出所) 直接投資はUNCTAD STAD、対ドル為替レートはIMF資料より作成

果がそれを上回り、結果として輸出額はJの文字のように増加するというものである。ただしJカーブ効果は短期的なもので、やがて他国の輸出に置き換わることで消滅する。

ところが、プラザ合意以降の日本の輸出は長期間にわたって増加傾向を維持した。このことは、石油危機以降の日本の主力輸出製品、たとえば自動車や家電製品などは他国の製品にすぐさま置き換えることができないものであったためと考えてよいだろう。また、原油価格の低下が生産コストを引き下げたという幸運も作用した。

加えて、見逃してはならないのは、日本企業は徹底的な合理化を図る一方で、新しい輸出製品を生み出し続けたことである。

『通商白書』（93年）は、輸出の品目で「ラジオ、テープレコーダー、カラーテレビ等の割合が低下している反面、カメラ、ファクシミリ、半導体等電子部品といった比較的付加価値が高いと考えられる商品の割合が拡大している」と記している。

もちろん、円高が進むなかで価格面での競争力を失った輸出品も少なくない。そして、それらの製品を生産する企業は海外へと生産拠点の移転を本格化させた。

日本企業の海外進出は、国際収支の直接投資フローでみると、85年の64億ドルから翌86年には１４４億ドルと倍増した。さらに90年には５０８億ドルと、85年の７・９倍の規模になった（**図表1―1**）。

この海外進出の加速が、戦後、長く続いてきた日本の加工貿易の終焉をもたらしたのである。

ところが、海外生産の増加により日本の最終財の輸出は減少したものの、部品などの中間財の輸出が増加したため、輸出額が減少することはなかった。

そのメカニズムは次のようなものである。

図表1-2　日本の中間財・最終財の輸出比率

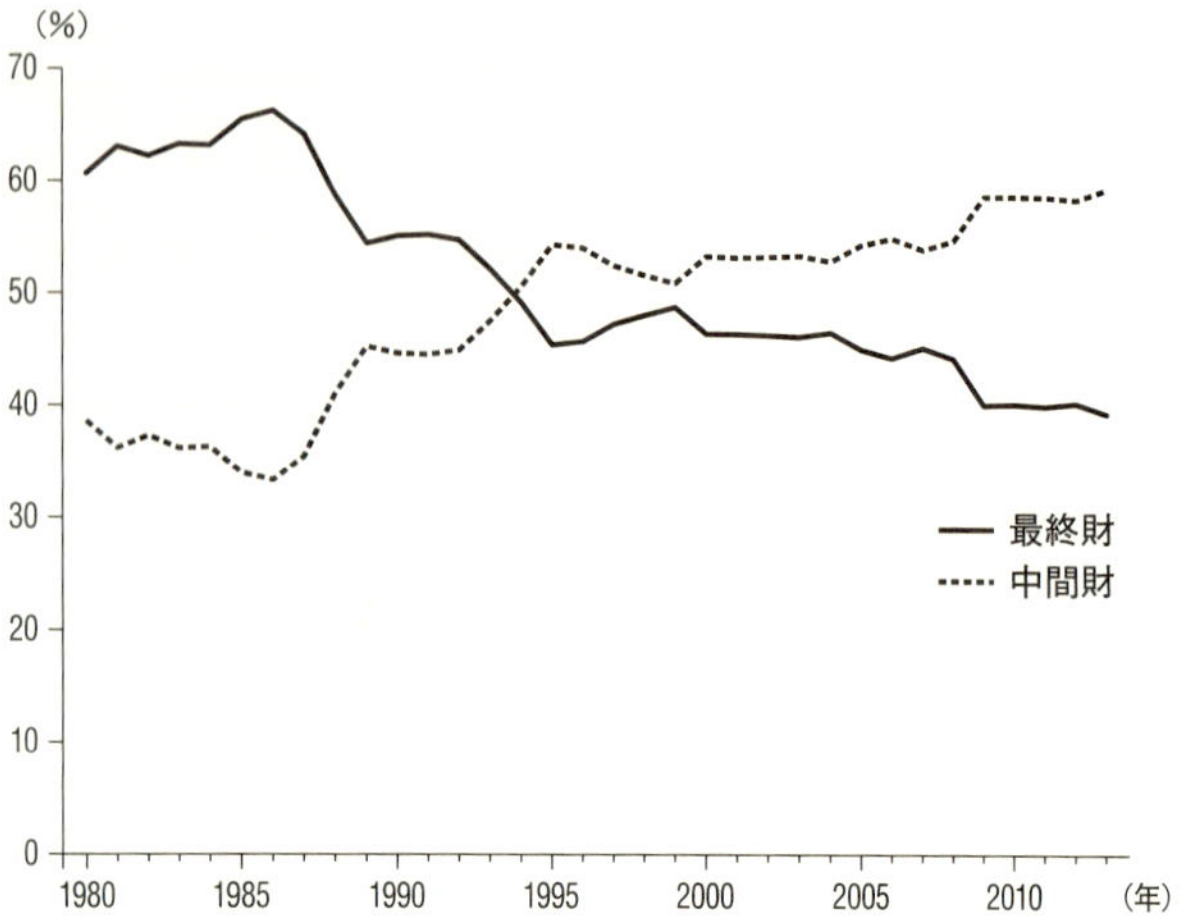

（出所）RIETI-TID2013より作成

現地生産を目的とした自動車メーカーのアメリカ進出は、最終財としての自動車の輸出を減少させたが、アメリカ向け関連部品（中間財）の輸出を増加させる。コスト削減を目的としたASEANへの縫製工場の移転は、糸や繊維などのASEAN向け輸出を増加させる。

その結果、中間財が輸出に占める比率は、80年の38％から2005年には54％へ上昇した（**図表1-2**）。なかでも部品は14％から32％へ急上昇した。他方、機械・設備などの資本財と、日常品など消費財を含む最終財の輸出比率は61％から45％に低下した。

同時に、80年代後半から日本の輸入構造も大きく変化した。

それまで輸入の大半を占めていた原料のシェアは、85年の46％から05年には25％に低下し、逆に最終財が20％から36％に上昇した。

これは政府の積極的な輸入促進策の成果もあったが、日本企業が海外で生産した製品を輸入するという「逆輸入」が増加し始めたことにも影響を受けている。メイド・イン・タイランドやメイド・イン・マレーシアと記された衣服や家電製品が国内市場に並び始めた。

当時、このような日本企業の海外進出が、国内の「空洞化」を招くという見方もあったが、日本企業の多くは、ビデオ・デッキや半導体、自動車などの付加価値の高い製品を生産することで雇用と輸出を維持した。

いま思えば、90年前後が貿易立国としての日本の絶頂期であったのかもしれない。

主要製品の輸出シェアが急落

1990年代後半からの日本の輸出プレゼンスの低下は著しい。

「メイド・イン・ジャパン」の象徴的な存在であったビデオレコーダーの日本の輸出シェアは、90年には世界の75％を占めていたが、2000年には18％に低下し、16年にはたっ

図表1-3　日本の輸出シェア

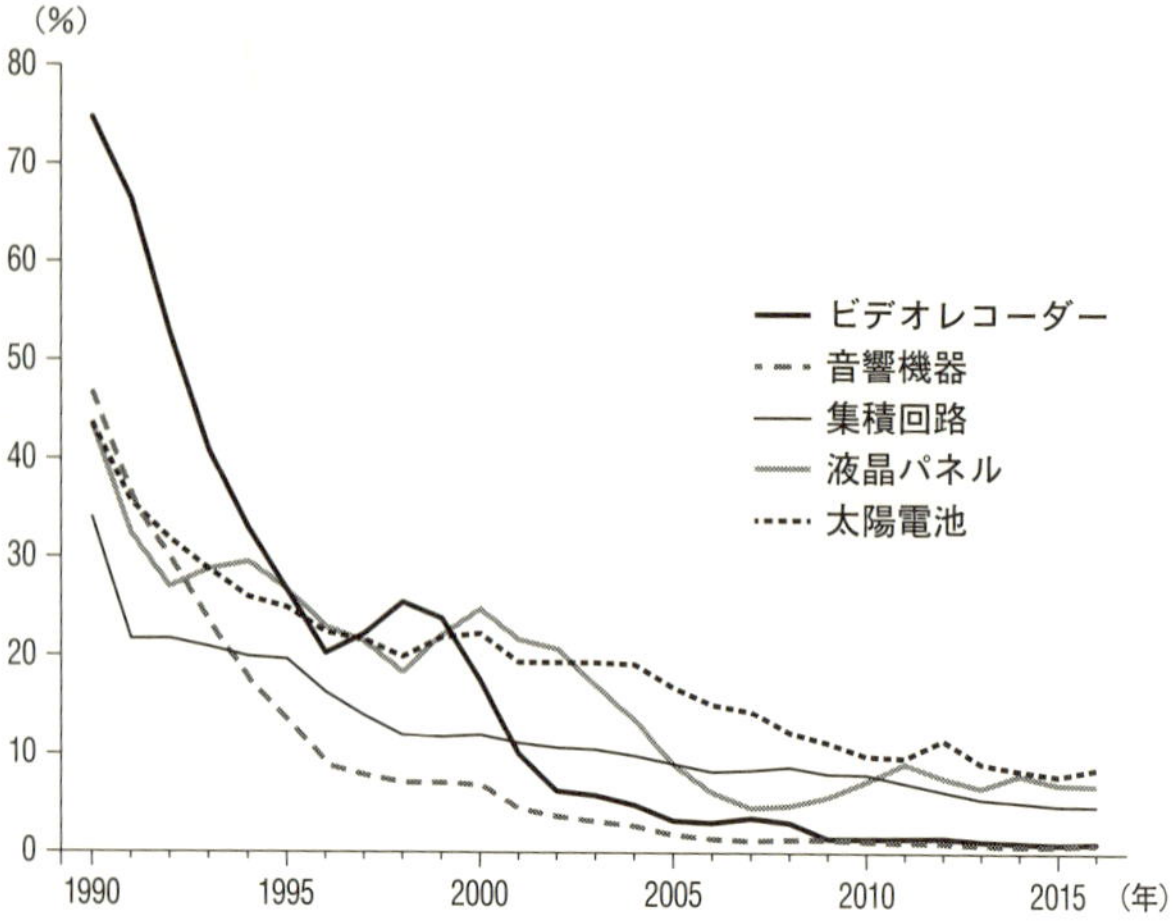

(注) 輸出総額は報告国・地域の合算。台湾は逆推計
(出所) UN Comtrade Database より作成

た1%となった。音響機器も同様で90年の45%から2000年に7%、16年にはやはり1%を下回っている(**図表1-3**)。

とはいえ、日本企業がハイテク製品の開発を怠ったわけではない。日本企業は携帯電話や液晶パネル、太陽電池など、次々とハイテク製品を開発・生産してきた。問題は、新しい製品を日本で開発しても、日本から輸出することのメリットを長く維持できなかったことにある。

現在は、ハイテク製品といえども適切な策を講じなければ、短期間のうちに新興国・途上国での生産・輸出に置き換わってしまう時代である。これは次章で述べるように、地球規模で生産技術に関する情報格差が縮小していること、生産工程の細分化による海外への立地分散が進んでいることに影響を受けている。今後は経済のデジタル化がこれに拍車をかけることになるだろう。

もっとも、最終製品（最終財）の加工地が、新興国・途上国に移転したとしても、先に述べたように、関連部品（中間財）や、生産に必要な機械など資本財を供給することで、輸出を維持することができる。

実際、日本の新興国・途上国向けの輸出に占める中間財と資本財の割合は８割に達した。新興国・途上国から先進国に向けた最終財の輸出が急拡大しているが、その中には、わが国が生産する中間財を含む場合も多く、その結果、日本の輸出は間接的に増加することになる。このような、まず日本から新興国・途上国へ、そこから先進国へ、という輸出の流れは「三角貿易」と呼ばれた。

しかし、後に述べるように、この三角貿易の効果が失われつつある。新興国・途上国向けの部品の輸出は２０１０年の１０５０億ドルから16年には８２０億ドルになり、資本財も１６４０億ドルから１２８０億ドルに減少している。つまり近年の新興国・途上国の輸入市場における日本のプレゼンスが低下した背景には、新興国・途上国が日本からの輸入に依存していた中間財や資本財を自国で生産できるようになったことがある（この点は後ほど中国を例にとって再考する）。

自動車に依存する輸出

現在の日本の輸出の特徴をみておこう。

次ページの**図表1―4**は2016年の輸出上位10品目をみたものである。輸出の第1位は乗用車の919億ドルで、輸出全体の14％を占めている。第3位も自動車用部品であり、自動車関連製品・部品が圧倒的に多いことがわかる。他方、第2位が集積回路、第5位が電池・コンデンサー、第6位がプリント基板と、ハイテク電子部品もまだ多い。他には、近年だと産業用機械（半導体の生産機械）や測定・分析・制御機器のような資本財が多い。

2000年にはコンピュータ関連製品（第5位）、携帯電話などの通信機器（第6位）、コンピュータ関連部品（第8位）などの電子電機製品がランクインしていたのに、16年には上位10品目から姿を消している。通信機器は第16位にランクを下げ、コンピュータ関連

図表1-4　日本の主要輸出品目（2016年）

	品目名	金額（100万ドル）	シェア（%）	RCA（1）	貿易特化係数（2）
1	乗用車	91,900	14.0	3.4	0.79
2	集積回路	33,227	5.1	1.5	0.18
3	自動車用部品	32,388	4.9	2.4	0.68
4	産業用機械	28,962	4.4	3.7	0.69
5	電池・コンデンサー	20,488	3.1	2.3	0.49
6	プリント基板	16,374	2.5	1.8	0.49
7	測定・分析・制御機器	16,331	2.5	2.4	0.38
8	エンジン	14,936	2.3	2.6	0.71
9	船舶	12,895	2.0	2.5	0.93
10	土木建設用機械	9,738	1.5	2.7	0.75

（注）産業用機械は農業、土木、繊維、食品関連を除く
（1）日本の品目AのRCA：RCAaj=(Xaj/Xtj)/(Xaw/Xtw)
Xaj：日本の品目Aの輸出額、Xtj：日本の輸出総額、
Xaw：世界の品目Aの輸出額、Xtw：世界の輸出総額
（2）日本の品目Aの貿易特化係数：TSCaj=(Xaj−Iaj)/(Xaj+Iaj)
Xaj：日本の品目Aの輸出額、Iaj：日本の品目Aの輸入額
（出所）UNCTAD STATより作成

製品、コンピュータ関連部品にいたっては上位20位にも含まれていない。近年の電子電機メーカーの劣勢が如実に現れている。

次に、輸出品目の比較優位性を測るのに使われるRCA（顕示的比較優位指数：Revealed Comparative Advantage）から日本の輸出の特徴をみてみたい。RCAの計算式は図表下に示したが、かいつまんでいえば日本の輸出全体に占める品目Aの比率（分子）を、世界の品目Aの輸出比率（分母）と比べたものである。

日本の輸出比率が世界平均よりも高いとき値は1を超え、これは日本

の品目Aの輸出の比較優位性が高いことを示すものと判断する。逆に1を下回ると比較優位性が乏しいと評価するのである。

食料や天然資源を海外からの輸入に依存する日本の輸出構造をRCAで示してみよう。2016年の数字で見れば、工業製品のRCAは1・6と高いが、食料や天然資源といった非工業製品は0・2と極端に低い。これは日本の輸出が工業製品に比較優位性を持つ「工業国」であることを示している。

同様に16年の輸出品（全256品目）についてRCAを計算したところ、1を超えたものは79品目で、そのほとんどが工業製品であった。さらに2を超えたものは34品目ある。前ページの**図表1－4**にもRCAを示しておいたが、16年の輸出上位10品目中、8品目が2を上回っている。

時系列でみると、2010年以降、RCAが2を超える品目の数は30を超え、同時にその水準が上昇傾向にあることが判明した。乗用車を例にとると、2000年の2・5から、16年は3・4へ上昇した。これは日本の乗用車の比較優位性が高まったものと捉えることができる。

ただ、ここで注意したいのは、RCAの上昇は、わが国の輸出構造が、より乗用車の輸出に依存した構造へと変化したことも示していることだ。このような輸出における自動車関連製品への集中は「自動車輸出一本足打法」ともいわれる。

ＲＣＡは、ある品目の競争力が向上した結果として上昇するほか、その他の品目の競争力が弱まることでも上昇することに注意しておきたい。２０００年に比べて16年のＲＣＡが極端に低下したものとしては、液晶テレビ（１・４→０・３）、通信機器（１・０→０・４）、デジタルカメラ（４・１→０・６）などの電子電機製品があげられる。

こうした品目の輸出が減少することが、自動車のＲＣＡを間接的に高めていることに注意したい。輸出総額が減少傾向にある場合には、ＲＣＡが高いからといって必ずしも同品目の国際競争力が高いことを示しているわけではないのだ。

国内市場だけではわからない競争力

ＲＣＡと並んで輸出競争力を示す指標として頻繁に使われるものに貿易特化係数（ＴＳＣ：Trade Specialization Coefficient）がある。これを用いて日本の特徴を考えてみたい。

品目の貿易特化係数も**図表１−４**の下に計算式を示した。これが意味していることは、ある品目の輸出競争力が強ければ、その品を輸入する必要はないので、輸出は輸入を大きく上回り、値はプラスになる。逆に競争力が弱ければ、輸入が輸出を上回るのでマイナスになる、というものだ。こうした仮定に基づき算出される。

値はプラス1からマイナス1の値で示され、プラス1に近ければ近いほど、その品目の輸出競争力が高いと判断され、反対にマイナス1に近づけば近づくほど競争力は弱いと判断される。

乗用車を例にとると、2016年の輸出は919億ドルである一方、輸入は103億ドルと大幅な輸出超過で、貿易特化係数は0・8となる。日本の乗用車の輸出競争力はかなり高い。

図表1―4が示すように、16年の輸出上位10品目はいずれも特化係数がプラスの値を示し、そのうち乗用車、自動車用部品、産業用機械、エンジン、船舶、土木建設用機械の6品目が0・6を超える高水準にある。

2000年と比較すると、やはり電子電機製品の貿易特化係数が悪化していることが目につく。なかでもコンピュータ関連製品は、マイナス0・1からマイナス0・7へ、通信機器は0・3からマイナス0・5へと大幅に低下した。主要輸出品上位にある集積回路も0・4から0・2に低下しており、輸出競争力が落ちていることがわかる。

ただ、貿易特化係数は日本の国内市場の中での国際競争力を評価したものであることに注意する必要がある。家電のように国内では日本製品が優先的に選択される傾向が強い品目は、世界市場では競争力を失っていても、貿易特化係数が高く出る可能性がある。

実際、サムスンやＬＧなど韓国の電子機器メーカーは90年代、アジアでシェアを拡大させてきたが、日本市場では消費者が国内メーカーを選ぶ傾向が強く、世界市場に比べて韓国製品は苦戦した。そのため日本の貿易統計を用いた電子電機製品の貿易特化係数は高めに出た。つまり、日本の国内市場をみていては、韓国製品の世界市場における実力を正確に評価できないのである。日本の製品の競争力は、やはり海外市場を対象として評価するべきであろう。

現在でも同じことがいえる。ＡＳＥＡＮをはじめ新興国・途上国で急速にシェアを伸ばしている中国製のスマートフォン「ＯＰＰＯ」や「ｖｉｖｏ」のことを知っている人は、どれだけ日本にいるだろうか。

また貿易特化係数は輸出入金額の多寡が反映されないため、少額しか取引されない品目では貿易特化係数が高くなる場合がある。また関税率などにより国内市場が保護されている場合は、貿易特化係数が高くなり、輸出競争力があると誤解されやすい。貿易特化係数から輸出競争力を考える場合は、これらの点に気をつけなければならない。

誰が日本のシェアを奪うのか

次に日本の輸出の世界シェアの変化を、品目別にみてみよう。

2000年の段階では、世界シェアが10%を超えていた日本の輸出品目は全256品目中58品目もあった。さらに、シェアが20%を超えたものが13品目も存在した。しかし、16年には10%を超える品目は26品目に半減し、20%を超える品目はわずか2品目しかない。

ここで着目したいのは、誰にシェアを奪われているのかという点である。**図表1―5**は2000年と2016年の日本と新興国・途上国の輸出シェアの変化を、製品ごとに比べてみたものである。円の一つ一つは各製品のシェアを示しており、円の大きさは2000年時点における日本からの輸出額の多さを示している。つまり2000年の段階で、日本からの輸出額が多い製品は大きな円で描かれている。横軸が2000年と16年の日本のシェアの変化、縦軸は新興国・途上国の同期間のシェアの変化を表している。

これをみると円の多くが左上（第2象限）に集まっているが、これは日本の輸出シェアが低下し、新興国・途上国の輸出シェアが上昇したことを示している。

図表 1–5　世界の輸出に占める日本と新興国・途上国のシェアの変化（2000 年と 2016 年）

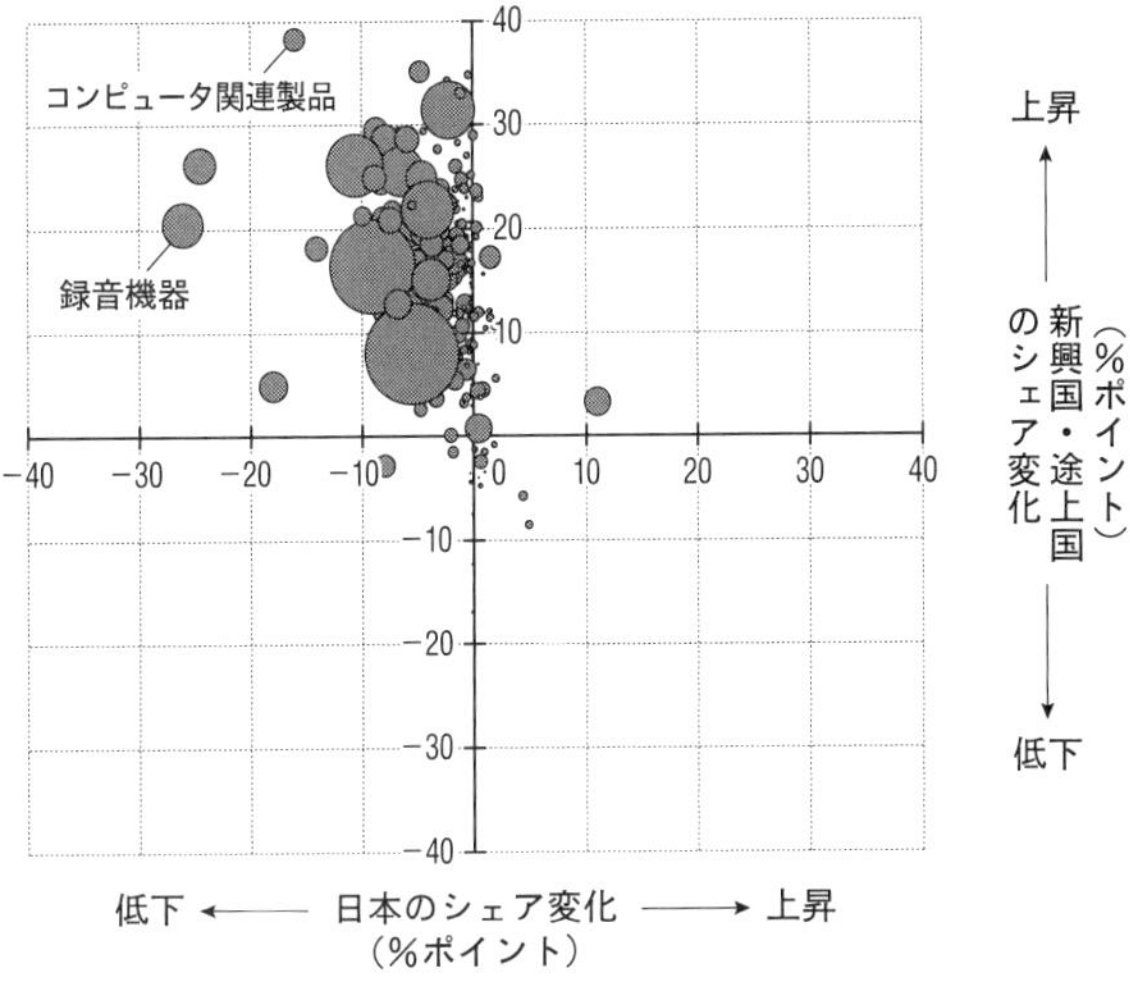

（出所）UNCTAD STAT より計算・作成

とはいえ、この図表の左上に位置するからといって、日本の輸出シェア低下の原因のすべてが新興国・途上国の台頭のみに帰するわけではない。

乗用車を例にみてみよう。世界の輸出に占めるシェアは２０００年に20％だったものが、16年には15％となっている。低下傾向にあるものの、その水準はまだ高い。世界全体の乗用車シェアをみると、日本を除いた先進国で68％と高いし、日本を含めるとシェアは82％を占める。乗用車の輸出では、先進国が圧倒的な支配力をまだ維持しているのだ。

それでも新興国・途上国による乗用車の輸出は、2000年の310億ドルから、16年には1260億ドルへと5倍近く増加しており、世界シェアも10％から18％へと上昇している。

日本の輸出シェアの低下幅が大きい品目は、録音機器とコンピュータ関連製品だ。それぞれ26％ポイント、16％ポイントもシェアを低下させている。両品目における新興国・途上国のシェアは、それぞれ21％ポイント、38％ポイントと上昇しているので、両品目については日本のシェアが新興国・途上国に奪われたといってもいい。

ちなみに新興国・途上国の輸出シェアが世界全体の50％を超える品目は、2000年の41品目から、16年には93品目に増加している。さらに輸出シェアが60％を超える新興国・途上国の品目は32品目から61品目に増えている。

先に示したように電子電機製品の輸出については、企業の生産拠点が新興国・途上国に移転したこともあって、日本の輸出は2000年の335億ドルから16年には92億ドルへと大幅に減少し、世界シェアは1・6％となった。2000年と比較すれば8・7％ポイントも低下している。

他方、新興国・途上国のシェアは30・２%ポイントも伸張し、16年の段階で世界に占めるシェアは62・９%と先進国を大きく上回っている。電子電機製品の輸出の主な担い手はすでに新興国・途上国なのである。

「貿易摩擦」も今や昔

次にアメリカ市場において日本の立ち位置がどのように変化しているのかをみてみたい。アメリカは戦後から今日まで一貫して日本の重要な輸出先であり、その旺盛な購買力が日本経済の成長を支えてきた。アメリカ向け輸出は１９６５年の25億ドルから、85年には６６０億ドルへと、20年間で25倍以上にも拡大した。その結果、日本の輸出に占めるシェアは、80年代半ばには４割近くに達し、日本経済はアメリカの景気変動に強く影響をうけることになった。そのため、「アメリカがくしゃみをすれば日本が風邪をひく」といわれたほどであった。

もっともアメリカ向け輸出の主要品目は時代とともに変化してきた。70年代までは繊維・衣服や鉄鋼であったが、80年代以降になると電子電機製品や自動車が増えた。貿易収支は65年に日本側の黒字に転じ、その額は一貫して増加してきた。

これに対し、アメリカは日本から輸入する製品がアメリカの国内産業に打撃を与えるのではないかと危惧し、日本に貿易黒字の縮小に向けた政策を要請するようになった。いわゆる「貿易摩擦」である。80年代後半には、日本に市場開放を迫る「日米構造協議」にまで発展した。

プラザ合意以降の日本企業の海外進出は、円高への対処のほかに、アメリカとの貿易摩擦の回避も目的としていた。自動車メーカーがアメリカ向け輸出をアメリカでの現地生産に切り替えたのはそのひとつである。他方、円高を回避するためのアジア諸国を迂回したアメリカ向け輸出も増えた。

その結果、80年代後半以降、日本の対アメリカ輸出のシェアは低下に向かい、16年には20%となっている。絶頂期の約半分の水準である。それでもなおアメリカは日本にとって最大の輸出相手国である。また、アメリカとの貿易は6００億ドルを超える黒字をもたらす稼ぎ頭である。日本政府にとって、ＴＰＰの締結はアメリカ向け輸出の改善を目的としていたことは明らかである。

だが実際のところ、金額ベースでみても対アメリカ輸出は伸び悩んでいる。しかもアメリカの貿易統計からみると、日本のプレゼンスの低下は急速である。

アメリカの輸入全体における日本のシェアは、86年の22％から16年には6％と、4分の1に縮小した。85年から92年までアメリカ最大の輸入相手国は日本だったが、16年には、中国、メキシコ、カナダに次ぐ第4位にまでランクを下げている。

日本のアメリカ向け輸出の中身をみると、乗用車や自動車部品、エンジンなど自動車関連が多く、やはりコンピュータ関連製品や部品、デジタルカメラ、集積回路、録音機器など電子電機製品が減少している。

では、アメリカ向けの輸出が低迷している原因は何だろうか。

一般的にいえば、輸出低迷の原因は次の3つに区分できる。

第一が、相手国の輸入そのものが減少していること。第二が、相手国の競争力が日本よりも高まったこと。第三が、他国からの輸入に置き換わったことである。

それぞれについて検討してみよう。

アメリカの輸入額は2000年の1兆2550億ドルから16年に2兆2330億ドルに増加しているから、日本のアメリカ向け輸出の低迷に第一の原因は当てはまらない。

次にアメリカの競争力の向上による日本の輸出の低迷であるが、これも当てはまらないようである。2000年以降の日米の貿易特化係数を253品目について計算してみたが、

図表1-6　アメリカの対日本輸入における貿易特化係数とシェアの変化

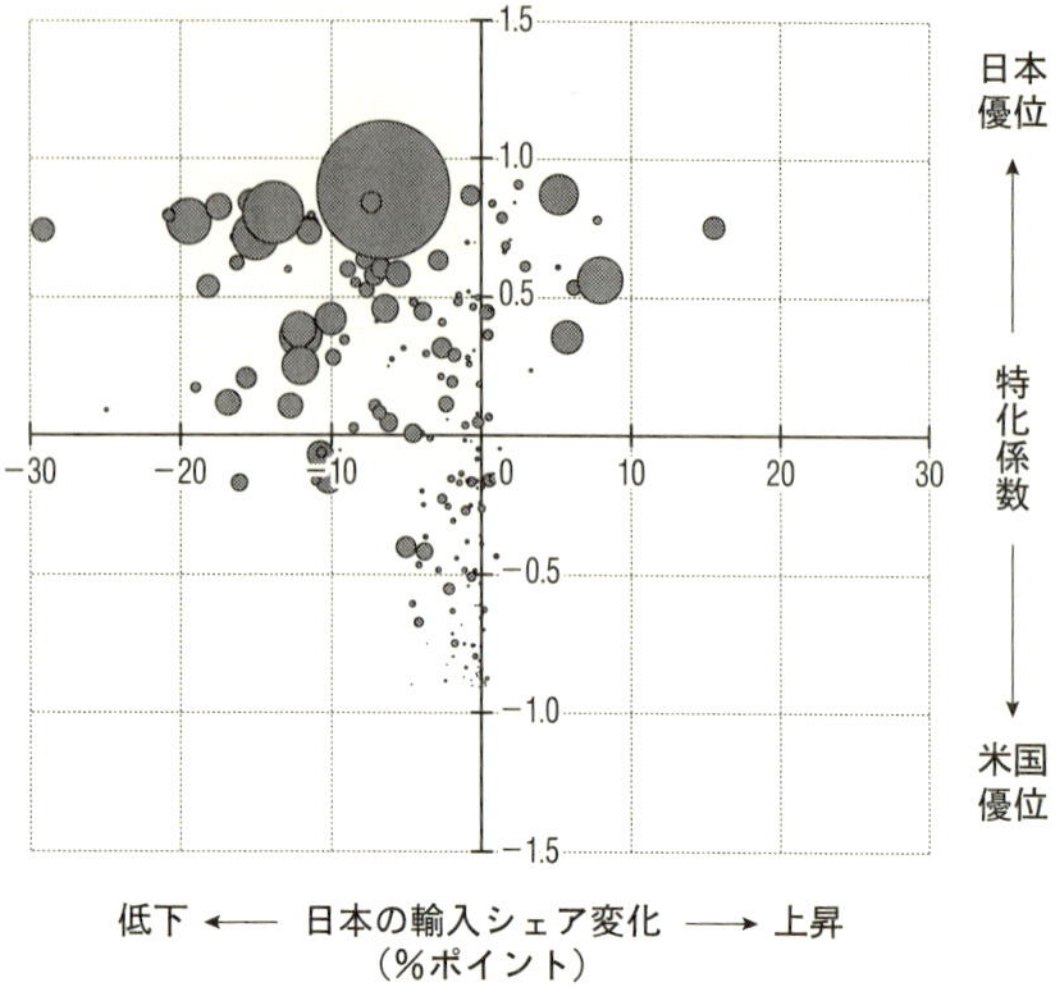

（出所）UNCTAD STAT より計算・作成

さしたる変化は見いだせなかった。

残る第三の原因、アメリカに対して競争力が高いとみなされる品目の多くが、他国との競争の結果、シェアを低下させている可能性である。

図表1−6は、品目ごとに貿易特化係数と輸入シェアの変化の関係をみたものである。縦軸に16年の日米貿易特化係数をとった。当該品目のアメリカに対する競争力が強いほど上方に位置するよう調整している。横軸には2000年と16年の日本の

輸入シェアの変化（%ポイント）をとった。左へ行けば行くほど、日本のシェアの低下幅が大きいことを示す。円の大きさは16年時点での輸入額の大きさを反映させている。

総じていえば、大きな円が左上（第2象限）に集中していることがわかる。これは、アメリカに対して競争力があり、輸出額も多かった日本の品目が、そのシェアを低下させていることを意味している。つまり、アメリカ向け輸出の低迷は、他国との競争関係の変化に影響を受けていると考えられる。

たとえば中国からのアメリカの輸入は急増している。16年には4820億ドルと日本の3・6倍の規模を持ち、そのシェアは20%を超えている。アメリカの対中国の貿易赤字額は16年で3660億ドルと、これもまた日本の720億ドルの5倍以上の規模を持っている。日本の輸出が中国からの輸出に置き換わったかのような印象さえ受ける。

アメリカのトランプ大統領がTPPを脱退し、さまざまな自由貿易協定を白紙に戻そうとしたのは、アメリカ市場が多様な国、とくに中国やメキシコなどの新興国・途上国からの輸入品であふれかえっているからである。

弱まる日本の競争力

日本のアメリカ向け輸出は、新興国・途上国の台頭だけに影響を受けているわけではない。ドイツを中心とする欧州や、韓国、台湾というアジア先進国との競争からも影響を受けている。とはいえ新興国・途上国の影響はやはり大きい。それを示すために、筆者は次のような指標を作成してみた。本書では、これを便宜上「相対的競争指数」と呼ぶことにする。

指数の値はプラス1～マイナス1で示され、アメリカ市場における日本のシェアが、比較の対象となる国・地域のシェアと同じ場合には、値は0をとる。アメリカでの日本のシェアが対象国・地域のシェアにくらべて大きければプラス1に近づき、逆に小さいときはマイナス1に近づくように調整した。算出式は**図表1−7**の下に示した。

比較の対象地域は先進国（日本を除く）と新興国・途上国とした。どちらの輸出額も、日本の輸出額よりも大きいため値はマイナスを取るのだが、注目したいのは、その傾きである。傾きが急であればあるほど、日本のシェアの低下への影響が強いと考えてよい。

図表1−7はアメリカの輸入総額における相対的競争指数の変化を示したものである。先進国と新興国・途上国、双方に対して右肩下がりだが、これはアメリカ市場における日

図表1-7　アメリカ輸入市場における相対的競争指数（輸入全体）

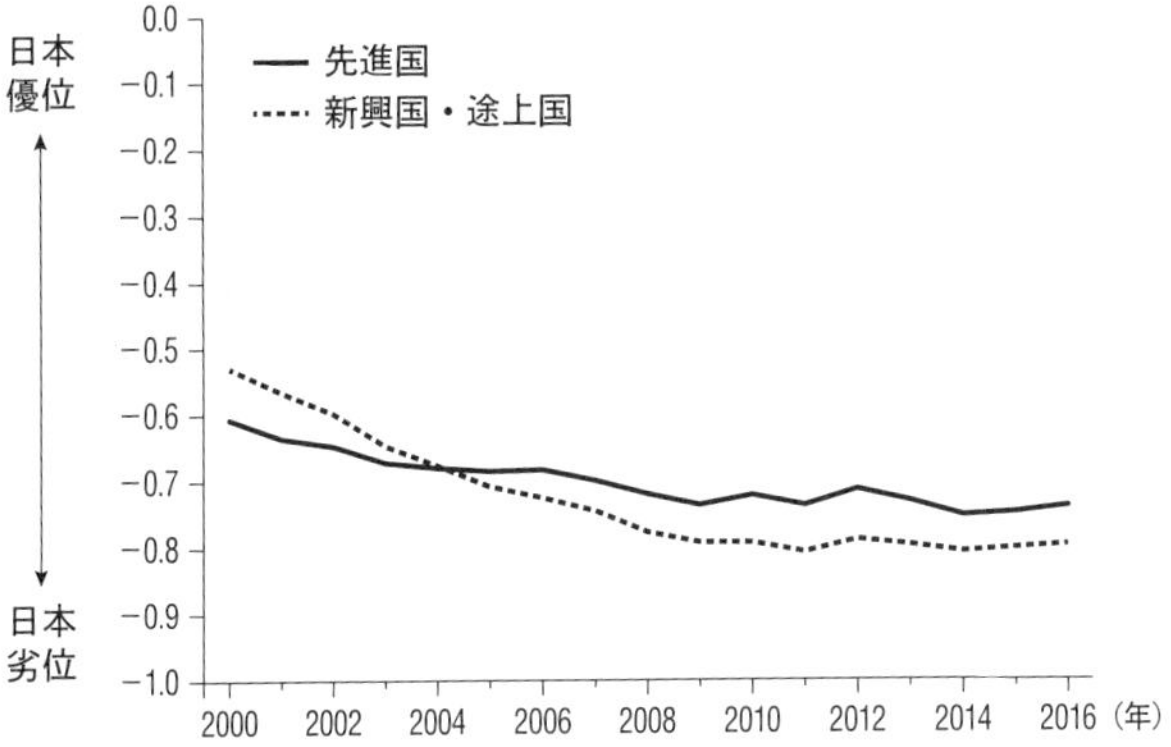

相対的競争指数：RCIaj＝（Iaj−Iao）／（Iaj＋Iao）
Iaj：日本からの品目Aの輸入額、Iao：対象国・地域からの品目Aの輸入額
（出所）UN Comtrade Database より作成

本の競争力が、先進国と新興国・途上国の双方に対して弱まっていることを示している。その上、新興国・途上国のほうの傾きが急であることは、日本のシェアの低下は新興国・途上国の台頭により大きな影響を受けていることを示す。

同様に、日本の主要な輸出品目である工作機械を含む一般機械、電気機器、自動車を含む輸送機器、コピー機やカメラなどの精密機器について相対的競争指数の推移を示したのが**図表1−8**（58〜59ページ）である。

一般機械と電気機器をみると、新興国・途上国の値は先進国よりも低い。

**図表1-8　アメリカ輸入市場における
機械・機器の相対的競争指数の推移**

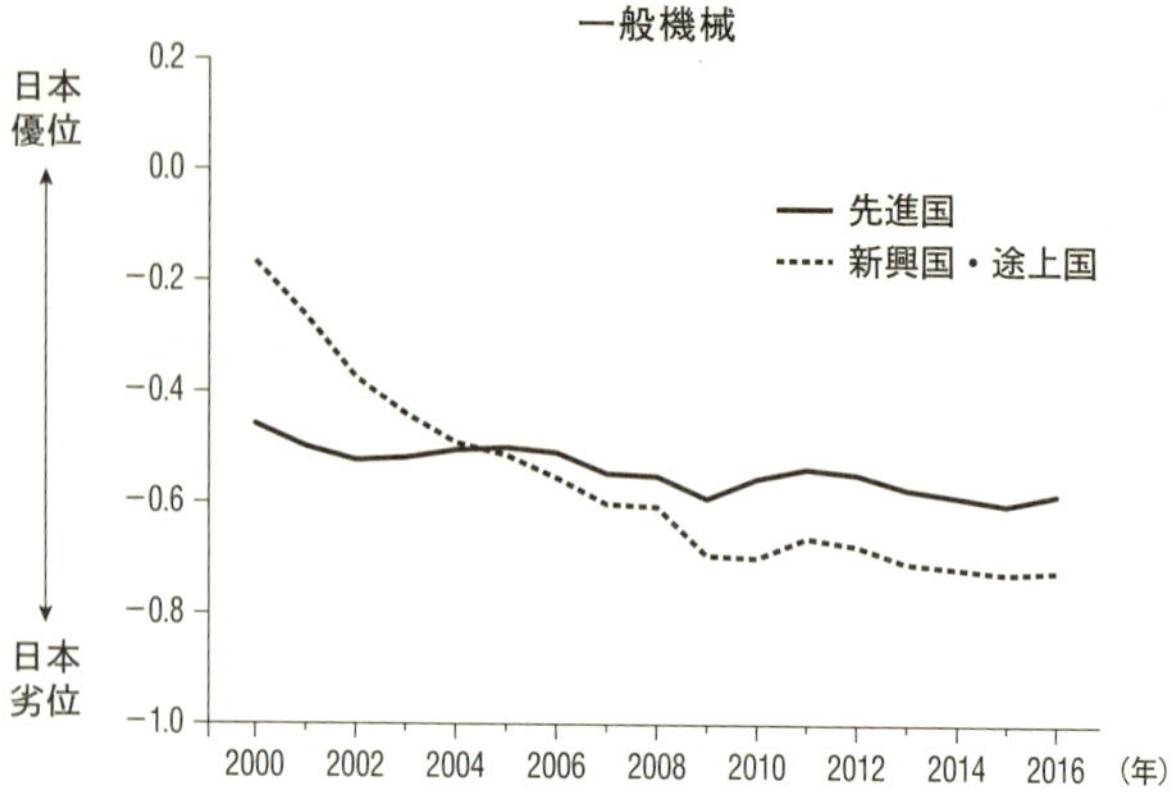

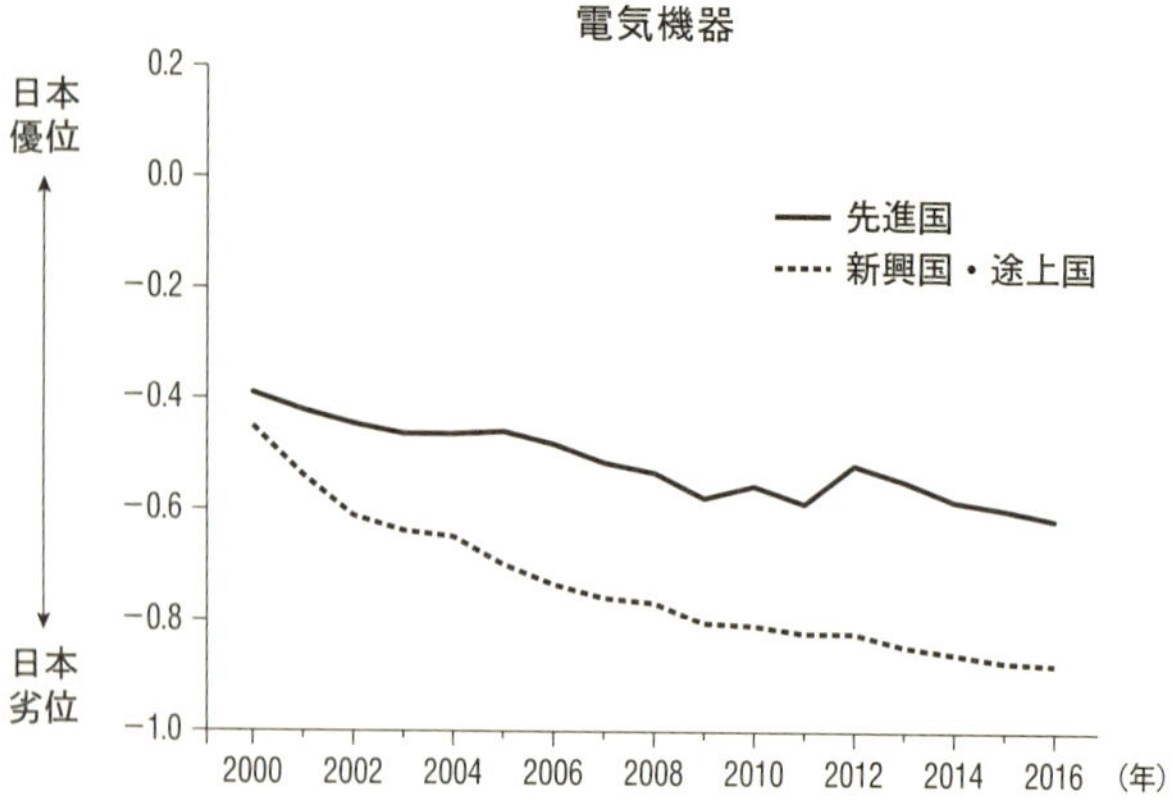

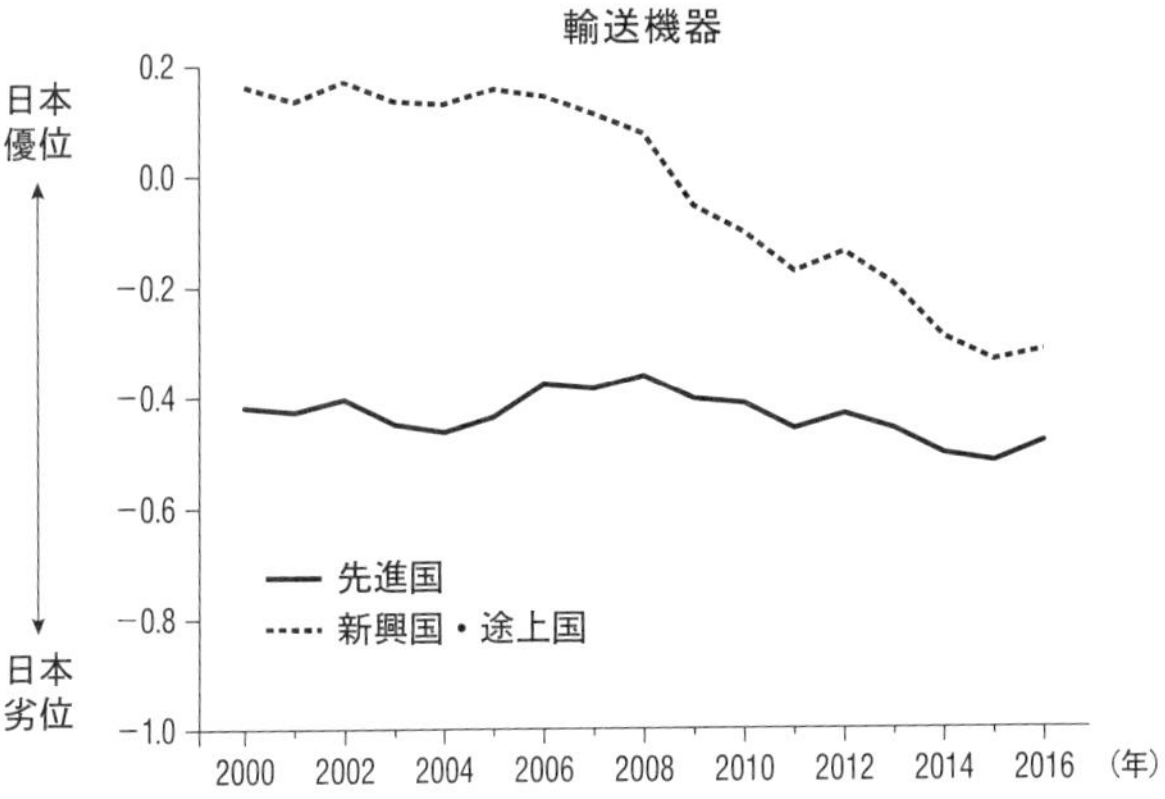

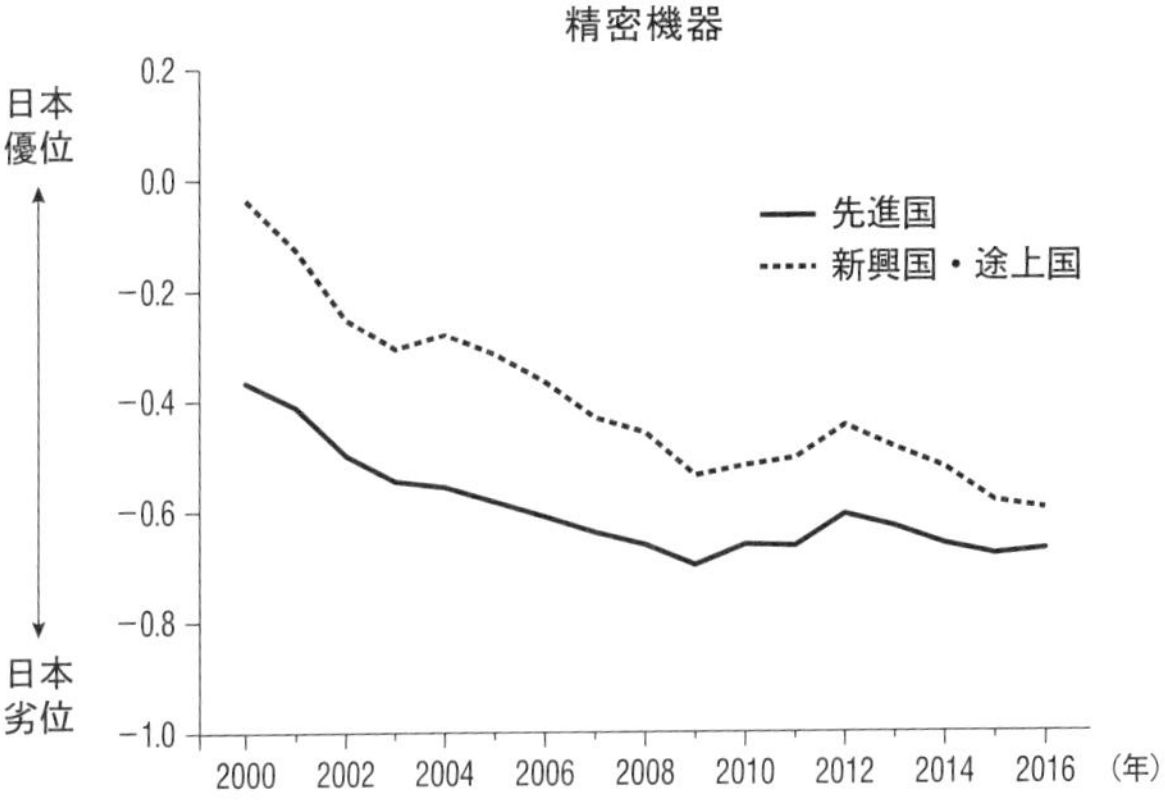

（出所）UN Comtrade Database より作成

これはアメリカ輸入市場において先進国より新興国・途上国のシェアの方が高いことを示すものである。

また先進国に比べて新興国・途上国の傾きが急であることは、新興国・途上国に日本のシェアをより多く奪われていることを示す。

輸送機器と精密機器では新興国・途上国の値が高い。これは、まだ先進国のシェアがアメリカ市場では高いことを示している。ただ、輸送機器をみると2006年以降に新興国・途上国の数値が急速に低下している。これはメキシコからの乗用車の輸入増加に影響を受けたものと考えられる。トランプ政権がなぜメキシコとの貿易に過敏なのかがわかろう。

このように製品によって勾配に違いがあるものの、アメリカの輸入市場においては、新興国・途上国との相対的競争指数が日本劣位の方向に急速に動いている。

これが、TPPが発効したとしても、それによる関税の撤廃や関税率の引き下げに多くを期待するべきではないと考える根拠である。新興国・途上国の価格競争力は、関税の撤廃や関税率の引き下げで巻き返せるようなレベルではない。また、TPPで注目された自動車関連の輸入関税率の引き下げについていえば、たとえ参加国の合意を取り付けたとしても、長期間にわたって関税率が引き下げられる間に、新興国・途上国がさらに技術水準を高めることは確実であり、どのくらいメリットがあるのかは不透明である。

もちろん、アメリカの輸入市場における日本のプレゼンスの低下は、かならずしも日本の輸出競争力の低下を示すものではない。日本企業は、いまや中国をはじめとする新興国・途上国の生産拠点からアメリカに輸出しているのであって、新興国・途上国のアメリカ向け輸出が増えれば増えるほど、日本の新興国・途上国向け輸出が増えるということも考えられるからである。これは、先に述べた三角貿易の視点である。

この三角貿易などの分業体制による経済効果を把握するために「付加価値貿易」という考え方が近年注目を集めている。JETROアジア経済研究所とWTO（世界貿易機関）との共同研究では、11年における中国からアメリカへの工業製品の輸出には、日本やその他の東アジア諸国が生み出した10％程度の付加価値が含まれ、さらにはアメリカ自身が創出した付加価値が2％程度含まれると指摘した。つまり、中国のアメリカへの輸出拡大は、資本財や中間財の中国向け輸出を通じて、日本経済やアメリカ経済に還元されると考えたのである。

しかし楽観視は許されない。新興国・途上国の工業の技術水準が上昇し、輸入に頼っていた中間財と資本財の国内生産が可能になっているからである。このことを、中国を例にみておきたい。

減少する中国への輸出

中国は1978年に始まる改革開放以降、目覚ましい経済成長を遂げてきた。80年から2016年までの年平均成長率は9・7%であり、中国の名目GDPが世界に占めるシェアは90年の2%から16年には15%に上昇した。中国は今やアメリカに次ぐ世界第2位の経済大国である（アメリカは25%、日本は6・5%）。近年は成長に陰りが見えているとはいえ、IMFによれば、中国のシェアは22年には18%に上昇する見込みである。

このような経済成長に伴い、中国の輸入も急速に拡大した。輸入額は90年の530億ドルから16年に1兆5900億ドルと30倍になった。輸入においても、中国はアメリカに次ぐ第2位の大国なのである。

日本の中国向け輸出についていえば、90年代に日本企業の中国進出が進むなかで急増した。当初、日本企業が中国へ投資する目的は、安価な労働力を活用した生産活動にあった。そのため機械や設備などの資本財、原材料や部品などの中間財の輸出が急増した。

日本の中国向け輸出は90年の61億ドルから、２０１０年には１４９０億ドルと20倍以上に増加したが、その８割以上が中間財と資本財であった。そして中国で最終加工を施した最終財は、アメリカ市場を含めて先進国向けに輸出されていた。

そのわが国の中国向け輸出だが、16年には１１４０億ドルと、10年に比べて３５０億ドルも減少している。また対中国貿易収支も４３０億ドルの赤字を記録した。

この中国向け輸出の減少については、中国の景気減速や、尖閣諸島問題以降の政治的緊張に加えて、直接投資の減少などが原因として指摘された。たしかに日本の製造業の対中国直接投資は、12年の７３００億円から16年には５９００億円と減少している。

ところが中国側の貿易統計をみると、日本のプレゼンスの低下は近年にかぎった傾向ではなく、長期的なトレンドであることがわかる。日本のシェアは２０００年の18％から16年の10％へと、ほぼ半減している。93年以降は、日本が中国へ最も輸出している国だったのに、13年以降は韓国に首位の座を奪われている。

そのなかでも三角貿易にあたる中間財や資本財の輸入で日本はシェアを低下させている。

加えて金額ベースでも、中間財に含まれる部品が11年の６５３億ドルから、16年には５２１億ドルとなり、生産設備などの資本財でも４９７億ドルから３２９億ドルに減少し

図表 1-9　生産工程別品目の対中国貿易特化係数

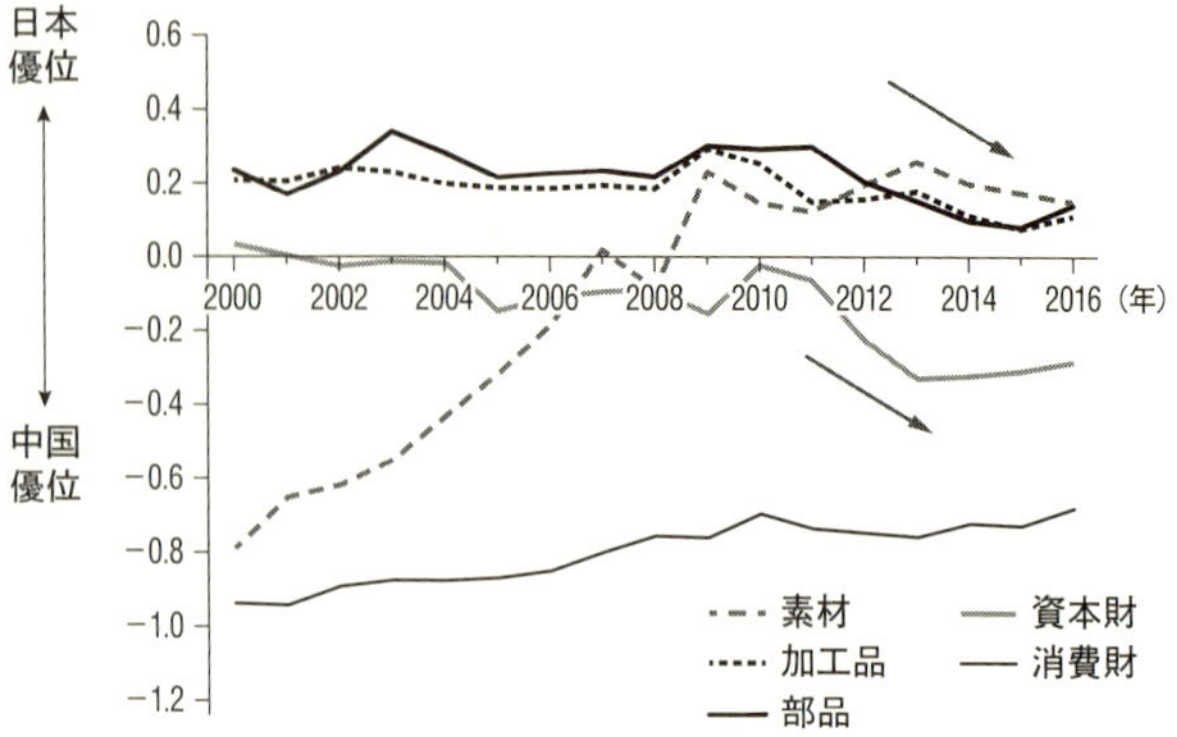

（資料）UN Comtrade Database より作成

ている。

中国の輸入全体を見ると、部品と資本財の輸入額は増加している。この点を考えると、日本からの輸出が低迷している原因を中国の需要不足とすることはできない。

それよりも中国の工業化の水準が高まり、それまで日本に頼っていた中間財や資本財を中国国内で生産することが可能になったことが、日本からの輸入を抑制する要因になったと考えるべきであろう。

図表1―9は、日本の対中国の貿易特化係数を、生産工程ごとにみたものである。10年代に入って、部品と資本財の特化係数が急速に中国に優位な方向に移動していることが明らかである。これは三角貿易の効果が低下し

ていることを示す。

中国による部品と資本財の輸入がともに増加するなかで、日本からの輸入は減少しているため、中国の輸入市場における日本のシェアは急速に低下している。部品は11年の16％から16年の11％へ、資本財は12％から９％へと低下した。

シェアの低下の原因として、他国との競争において劣勢であることも見逃せない。具体的にみると、集積回路の輸入における日本のシェアは、２０００年の25％から16年には６％に低下しているが、他方、韓国のそれは９％から23％へ、台湾については17％から32％に上昇している。

このように世界の分業体制の要である中国への輸出額が伸び悩み、シェアが低下しているということへ、もっと注意を払うべきである。これは日本の資本財や中間財が、中国で新しく形成された生産ネットワークに参加できていないことを示すものでもあるからだ。

中国メーカーのスマートフォンや、今後、急速に生産量が伸びていくと確実視されるドローンなどの生産に、日本企業はどれくらい参加しているのだろうか。

日本企業に求められるのは、中国における生産の実態を把握し、日本が新しい市場へと中間財を積極的に売り込んでいくという努力である。これは技術力の問題ではなく、Ｂ２

B（企業間取引）の市場開拓に向けた努力にかかわる問題である。この点については第5章でも改めて触れる。

第2章　新興国・途上国の台頭

急拡大した世界貿易

前章では日本の貿易の歴史を振り返った。

では世界全体はどうなのか。第二次世界大戦後の世界経済の特徴のひとつは、貿易規模が急拡大したことにある。

世界貿易における輸出総額は1950年の620億ドルから増えつづけ、2014年には過去最高の約19兆ドルになった（**図表2―1**）。実に300倍以上の拡大である。

とくに90年代以降の世界貿易の増加は目覚ましい。これには新興国・途上国の台頭が大きく影響している。新興国・途上国の輸出は、90年の7300億ドルから16年には6兆4000億ドルへと8・8倍に増加した。もちろん同期間に先進国の輸出も2兆7700億ドルから9兆6000億ドルへ増加したが、倍率でいえば3・5倍と、新興国・途上国の半分以下である。

これは90年代以降の新しいトレンドである。

戦後から長い間、国際貿易の主役は先進国であった（18ページ**図表0―4**参照）。70年代に原油価格の高騰（いわゆる石油ショック）によって新興国・途上国のシェアが

図表2-1　世界貿易における輸出総額の推移

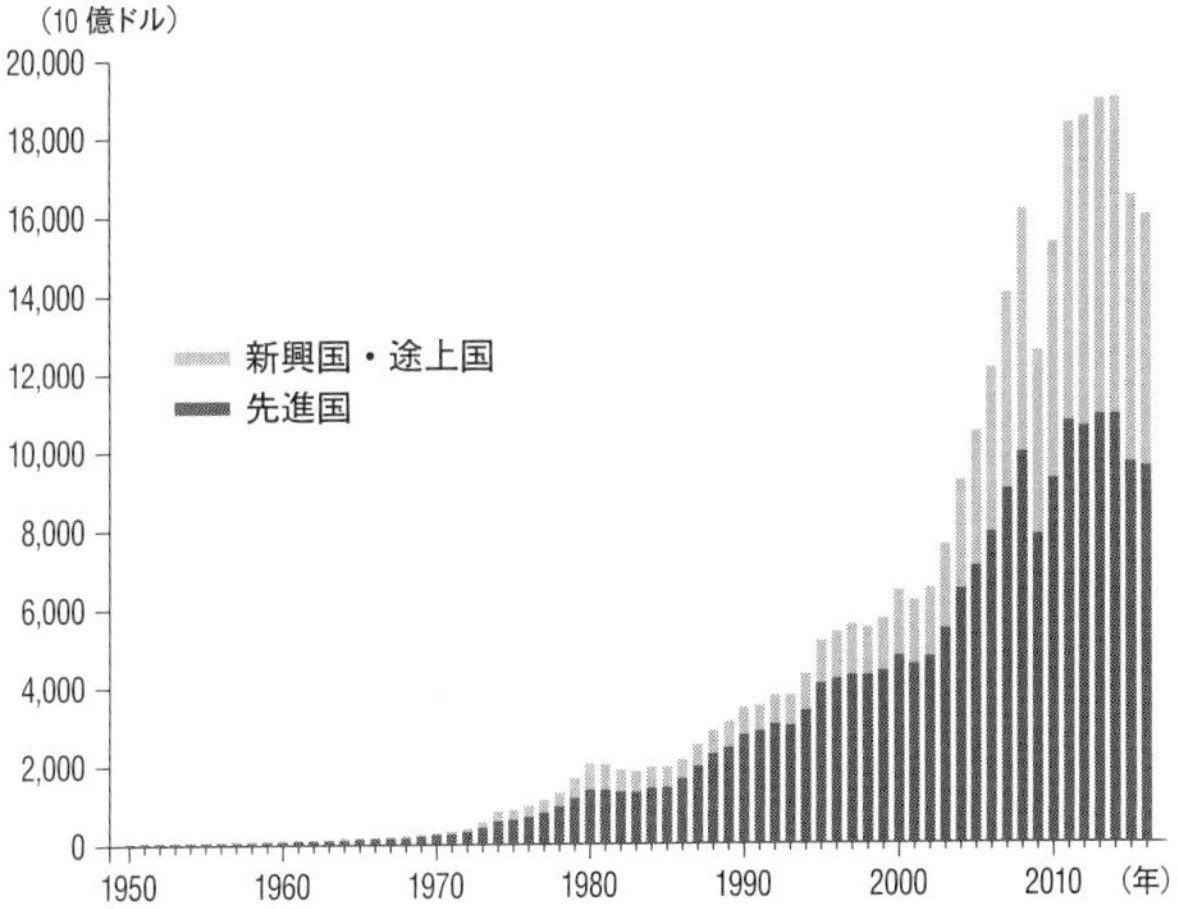

(出所) UNCTAD STATより作成

上昇した期間もある。しかし、その後原油を中心とする一次産品の価格が急落すると、新興国・途上国のシェアは再び低下し、90年代初頭には2割を割り込んだ。なかでも南アメリカ諸国は、原油や鉄鉱石などの一次産品に依存した輸出構造と、保護主義的な工業化政策のため危機的な経済状況に陥った。天然資源などの一次産品に強く依存する不安定な貿易と産業構造、それが新興国・途上国の実態であった。

ところが、90年代以降、新興国・途上国の輸出シェアは一転して上昇に向かっている。90年の20・8%から14年には42・5%へと倍増した。その要因は原油や鉄鉱石などの一次産品の価格の上昇ではなく、また先進国経済の後退でもない。新興国・途上国が自らの工業化によって実現したものである。

新興国・途上国の工業製品の輸出は、95年の5200億ドルから16年には4兆1100億ドルと、約8倍に増加し、世界全体の輸出に占めるシェアは14％から36％と3倍近く上昇した。

08年のリーマン・ショックに端を発した世界経済危機は、新興国・途上国の輸出にも影響を及ぼした。しかし、その落ち込みの度合いは先進国に比べて小さく、回復も早いものだった。加えて、新興国・途上国が輸出する工業製品の技術レベルは、その後も着実に向上している。

図表2−2はUNCTAD（国連貿易開発会議）が定義する4つの技術水準別製品における新興国・途上国の輸出シェアの推移をみたものである。

技術レベルの最も低い製品に区分される「労働集約的・資源集約的製品」の新興国・途上国のシェアは10年に先進国を上回り、16年には約60％となっている。一方で、16年時点での他の製品のシェアをみても「低位技術集約的製品」は約40％、「中位技術集約的製品」と「高位技術集約的製品」は約30％と、製品によりシェアの水準は異なるものの、いずれ

図表２−２　新興国・途上国の技術水準別製品における輸出シェアの推移

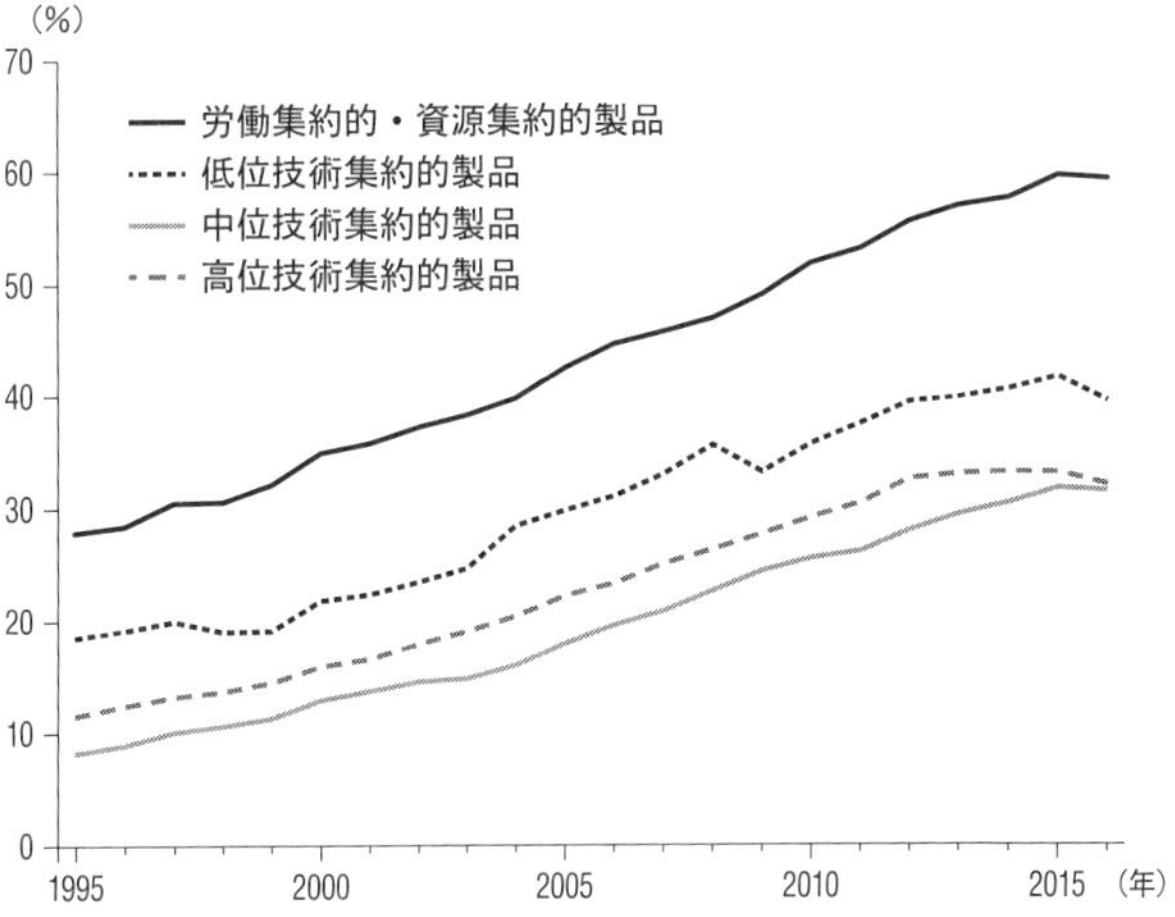

（出所）UNCTAD STAT より作成

も右肩上がりで上昇している。

なお、「高位技術集約的製品」が「中位技術集約的製品」のシェアを上回っているのは、「高位技術集約的製品」に含まれるコンピュータ製品のほとんどが中国からの輸出であるからだ。とはいえ中国が輸出するコンピュータ製品は、多くの国から輸入したハイテク部品によって構成されている。このような留意点はあるものの、新興国・途上国が生産・輸出する工業製品が、軽工業製品から重工業製品へ、そしてハイテク製品へと移行し、着実に先進国をキャッチアップしていることは間違いない。

このように新興国・途上国の工業化の加速が、わが国の輸出低迷の背景にあるのだ。いや先進国のすべてが輸出シェアを落としている。そしてこのような新興国・途上国経済の台頭が、アメリカで保護主義を唱えるトランプ政権が発足する背景にもなった。

日本を含めていずれの先進国も新興国・途上国が台頭するなかで、自国で何を作るかという問いに答えを見つけなければならない時代にある。

世界経済の軸が移行

この新興国・途上国の輸出シェアの上昇は、新興国・途上国の経済規模の拡大を反映したものにほかならない。

現在は世界経済の軸が先進国から新興国・途上国に移行する過渡期にある。**図表2−3**は先進国と新興国・途上国の名目GDPの比率の推移をみたものである。図表の左側が示すように、90年代までは世界人口の2割にも満たない先進国が、世界経済の8割を支配していた。逆にいえば世界人口の8割を占める新興国・途上国の経済規模は2割に甘んじてきたといえる。両者の間には埋めることが容易ではない所得格差が存在し、そこから発生するさまざまな問題は「南北問題」と呼ばれた。

図表 2-3　名目 GDP のシェア

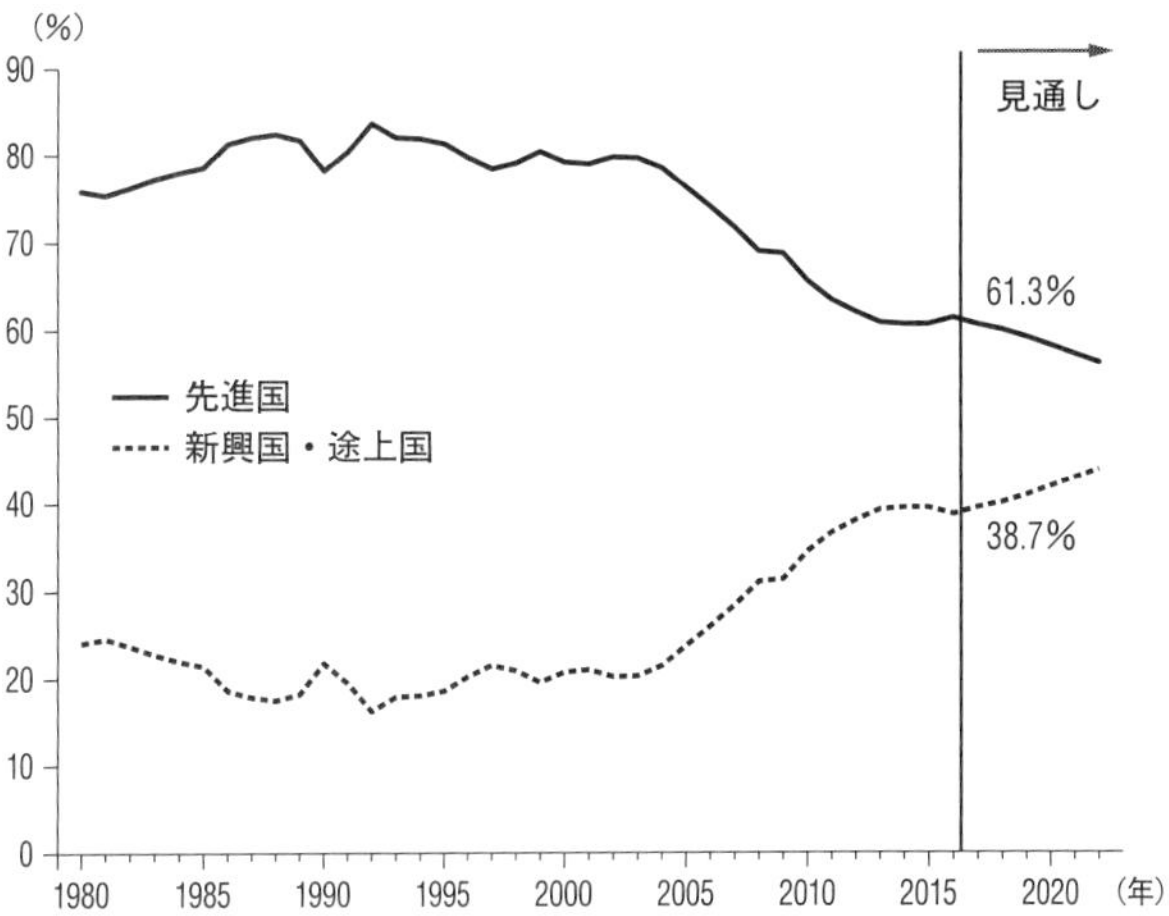

（注）数値は 2016 年
（資料）IMF, *World Economic Outlook, October 2017* より作成

ところが図表の右側が示すように、２０００年代に入って、この構造は大きく変化している。新興国・途上国の名目ＧＤＰが世界に占めるシェアは、２０００年の21%から16年には39%に上昇し、反対に先進国のシェアは79%から61%に低下した。

さらにいえば名目ＧＤＰによる比較では新興国・途上国の実力が過小評価されているかもしれない。なぜなら、新興国・途上国では一般的に衣食住のコストが安いため、同じ１ドルであっても、使い勝手は新興国・途上国の方がよいからである。

この点に配慮したものに、購買力

平価為替レートで換算したＧＤＰがある。購買力平価とは、実質的な通貨の価値を各国の物価水準をもとに計算し直したものである。

この購買力平価ベースＧＤＰを使うと、新興国・途上国のシェアの上昇（先進国のシェアの低下）は90年代からみられる。これは先に示した輸出シェアの上昇の時期と一致する。この購買力平価ベースＧＤＰでは、新興国・途上国の経済規模は08年に先進国を追い越しており、16年は58％となっている。

ＩＭＦの見通しによれば、新興国・途上国の名目ＧＤＰのシェアは22年には44％まで上昇する見込で、購買力平価ベースでは62％に達する。このトレンドを延長すれば、新興国・途上国は名目ＧＤＰでも30年頃に先進国に追いつき、追い越すことになる。

新興国・途上国の経済規模が、いずれ先進国を凌駕することは、多くの国際機関が認めているところである。たとえば、ＯＥＣＤ「２０６０年に向けて：長期世界経済展望（Looking to 2060: Long-term global growth prospects）」は、中国やインドなどのＯＥＣＤ非加盟国経済の躍進が世界経済地図を大きく塗り変えることを指摘した。このなかで、中国とインドの経済規模（購買力平価ベースＧＤＰ）は、12年時点ですでにＧ７に匹敵しており、60年には両国だけでＯＥＣＤ加盟国の総額を上回ると予測した。

アジア開発銀行（ＡＤＢ）『アジア２０５０：アジアの世紀の実現（Asia 2050: Realizing the Asian Century）』は、世界経済に占めるアジアのＧＤＰ（購買力平価ベースＧＤＰ）のシェアが、10年の27％から50年には52％に上昇するという見通しを示した。その主要国として、中国、インド、インドネシア、マレーシア、タイ、韓国、そして日本をあげているが、韓国と日本のシェアは小さい。つまりアジア開発銀行が想定する「アジアの世紀」とは、正確には「アジアの新興国・途上国の世紀」といってよい。

台頭は不可逆な流れ

このような新興国・途上国経済の台頭をどのように解釈すればいいのだろうか。

これについてイギリスの経済学者アンガス・マディソンは『経済統計で見る　世界経済２０００年史』で、この新興国・途上国の台頭を歴史の「回帰」としている。

彼の推計によれば、19世紀初頭の世界は比較的平等であったらしい。１８２０年において中国とインドの人口は世界の52％を占めていたが、経済規模も42％を占めていた。つまり人口が多い国が経済規模も大きいという、わかりやすい世界であったというのだ。

マディソンは、近年の新興国・途上国経済のシェアの上昇は、人口が多い国の経済規模が大きいという18世紀のような比較的、平等な状況へと、世界が「回帰」する過程にあることを示している、とみているのである。

それでは19世紀から20世紀にかけて、人口規模の小さい先進国の経済規模が急速に拡大し、世界を先進国と新興国・途上国とに区分したメカニズムはどのようなものだったのだろうか。そして、その動きが1990年代以降に反転し、新興国・途上国の勢力が盛り返すようになったことはどう解釈すればいいのだろうか。

これについて、ノーベル経済学賞受賞者であるマイケル・スペンスは『マルチスピード化する世界の中で—途上国の躍進とグローバル経済の大転換』で、経済成長に関わる情報格差が原因したと説明している。

スペンスによれば、世界規模での格差が生まれたのは、18世紀半ばから19世紀にイギリスで始まった産業革命以降のことであり、大量生産を可能にした技術や機械化など、生産に関する情報を取得できたか否かが、世界を先進国と新興国・途上国に区分したという。

マディソンの推計では1870年、イギリスを含むヨーロッパの経済規模は41%となり、アジアの38%を上回った。その後、ヨーロッパと入れ替わったのが、大量生産・大量消費国アメリカであった。そして日本の存在も徐々に拡大した。このように生産に関する情報をいち早く獲得した国、すなわち欧米や日本は工業化により富を急拡大させ、政治的権力さえも手に入れた。それは「パックス・ブリタニカ」、「パックス・アメリカーナ」とも呼ばれた。

戦後、長い間続いた「南北問題」とは、工業化を実現した国・地域と、そうでない国とに区分された国・地域との対立のことである。かつて工業化と経済発展は同義であり、先進国は「工業国」とも呼ばれた。他方、低所得国の経済発展を対象とする開発経済学の主眼は、低所得国を貧困から脱却させるために、いかに工業化を進めるかに置かれていた。

1980年において、生産や成長に関わる多くの情報をまだ手にしていなかった中国とインドは、人口では世界の42％を占めていたものの、その経済規模は4・5％であった。

ところが90年以降は事態が急速に変化した。経済のグローバル化の進展を背景に、経済成長に必要な生産技術やノウハウ、情報、知識を、より多くの国が共有できるようになったからだ。そして21世紀に入って情報通信技術（ICT）革命が国家間の情報格差の縮小を加速させている。現在は、さまざまな情報が、瞬時に新興国・途上国のすみずみまで拡散するデジタル化の時代である。スペンスがいうように情報格差が国家間の所得格差の原因であったとするならば、情報通信技術の発展が目覚ましい現在において、世界経済の成長の軸が先進国から新興国・途上国へ移行するのは不可逆な流れである。

２０１６年時点で、中国とインドの人口は世界の37％を占めているが、その名目ＧＤＰは世界の17・９％と、80年に比べて13％ポイント以上も上昇している。ＩＭＦの見通しでは、２０２２年に両国の経済規模のシェアは22％に上昇するという。

こうした新興国・途上国の台頭は国際政治にも影響を及ぼしている。世界で起こる様々な問題は、もはやＧ５やＧ６などの先進国だけで解決できるものではない。中国、インド、インドネシアなどの新興国・途上国を加えたＧ20での議論が不可欠である。

たとえば、地球温暖化抑制のためには先進国だけで取り決めた「京都議定書」では不十分になった。この点を踏まえて、15年11月末からフランスのパリで開催された「国連気候変動枠組条約第21回締約国会議（ＣＯＰ21）」の参加国は１９６ヶ国・地域を数えた。それ以降、ほぼすべての国・地域が参加するようになっている。アメリカの政治学者イアン・ブレマーが『「Ｇゼロ」後の世界』で指摘したように、国際社会は、いかなる国も主導権を握れないＧゼロの時代に移っていくかもしれない。

多国籍企業の進出とマネーのグローバル化

図表2-4　直接投資受入額

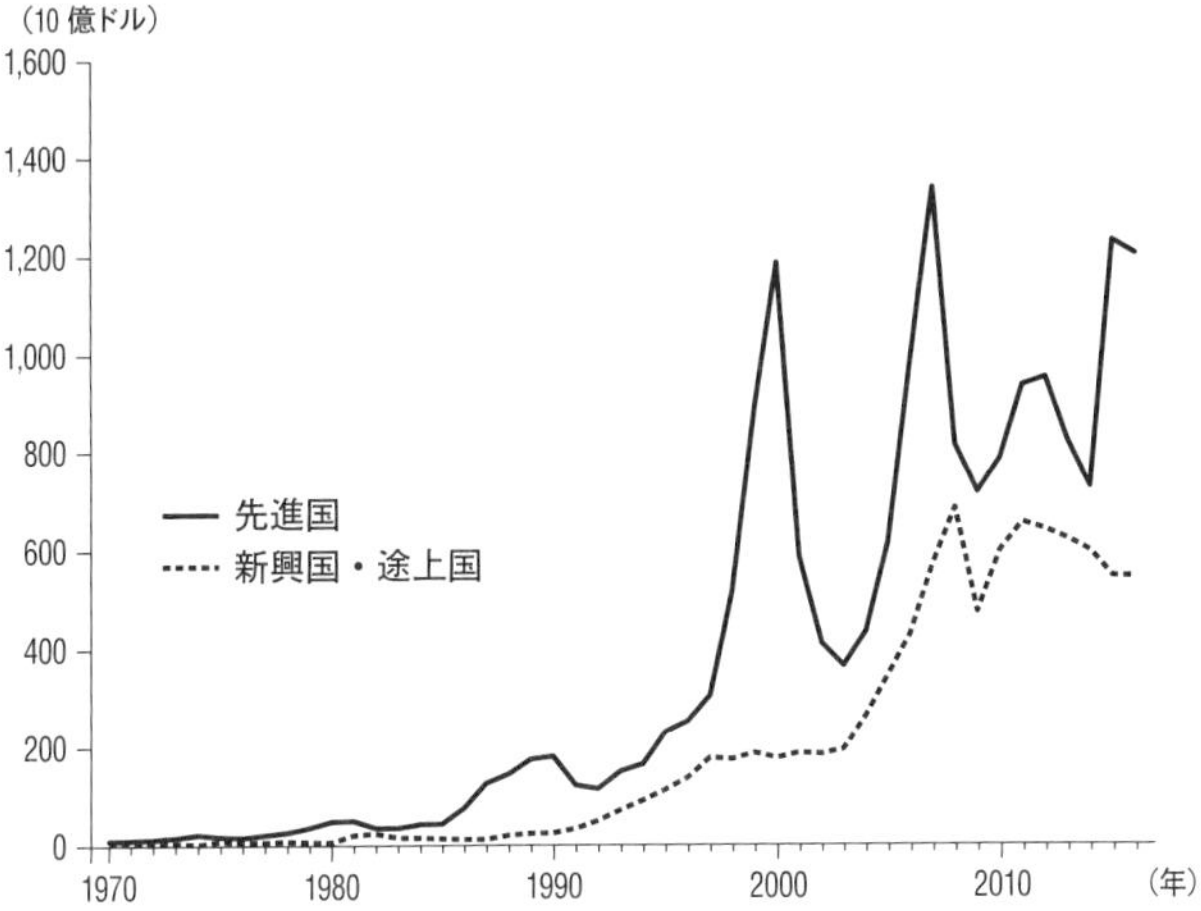

（資料）UNCTAD STATより作成

新興国・途上国に生産技術を伝えたのは、先進国企業（多国籍企業）のグローバルな事業展開であった。

　UNCTADの統計をみると、新興国・途上国の直接投資受入額は80年代まで３００億ドルを超えることはなかった。しかし、90年代に入って増加し始め、95年には１０００億ドルを超えた。その後も増え続け、04年に２０００億ドルを超え、16年には５４４０億ドルとなっている（**図表2-4**）。この統計からは、新興国・途上国への直接投資がどこからなされたかが明らかでないものの、その中心が先進国の多国籍企業であることは疑いない。この多国籍企業が直接、資金を投入して工場を建設し、生産を始めたことが新興国・途上国の成長の基盤になった。

80年代まで、新興国・途上国の課題は、資金不足をいかに克服するかにあった。低所得国は低貯蓄であるがゆえに投資水準は低く、低投資であるがゆえに生産性は高まらない。低生産性が高まらないので、社会は低所得にとどまらざるをえないという「貧困の悪循環」をなかなか克服できなかった。

これに対して、先進国企業の新興国・途上国への進出は、資金不足を補うだけでなく、技術や経営ノウハウの伝播により生産性を高めることで、貧困の悪循環を断ち切った。先進国企業の進出が、工業化の波を新興国・途上国へ広げ、前述のような工業製品の輸出を可能にしたのである。

先進国企業の進出は労働集約的な製品（繊維・衣服など）の生産から始まった。当時の多くの新興国・途上国政府は、地場企業との合弁を義務づけており、それは経営手法を含めた多様な情報を国内に広めることに貢献した。新興国・途上国は、先進国で開発された技術を吸収する、いわゆる「後発の利益」を生かすことで、工業化を加速させることができたのである。

80年代までは、外国企業の受け入れは国内の利益を不当に搾取するものとみなす新興国・途上国政府が多かった。しかし、時間とともに、外国企業の受け入れは、むしろ経済成長に寄与し、雇用を拡大するものとポジティブに捉えられるようになった。現在では、外国企業の活動に対する規制を緩和するだけでなく、法人税や輸入関税の減免などの税制上の恩典を設け、また電力や水道、倉庫など生産活動に必要なインフラを整備した工業団地・輸出加工区を事前に準備するなど、外国企業の誘致に注力するようになっている。

今後は、新興国・途上国相互の直接投資も活発化することが見込まれる。実際に、直接投資の受け手から出し手に変わろうとしている新興国・途上国が増えてきた。UNCTADの統計によれば、新興国・途上国から他国への直接投資は、2000年の214億ドルから、16年には2700億ドルと10倍以上に増加している。東アジアでは、中国やマレーシア、タイが直接投資の受入国から供与国に転じる過程にある。

世界的な資本循環が加速し、新興国・途上国の隅々までグローバル・マネーが浸透し始めたのも、これらの国の経済成長をさらに後押しする要因となっている。80年代までは、先進国から新興国・途上国向けの資金移転といえば援助が中心であったが、90年代に多国籍企業の直接投資がこれに加わり、2000年代に入って銀行の貸出や株式への投資が増加した。

また、マイクロファイナンスと呼ばれる新興国・途上国における小規模ビジネスへの貸出の担い手も変化している。90年代まではNGO（非政府組織）や地場銀行が主役であったが、2000年代に入って、国際的に有名な民間金融機関も参入するようになってきた。他方、新興国・途上国における市場に目を向け、とくに自動車ローンやクレジットカードなどの金融ビジネスに国際的な金融機関が参加するようになった。

近年はさらにデジタル化の進展により新しい融資システムが広がる傾向にある。スマートフォンを介した決済が広がるなかで、その情報を与信（融資）の審査基準に採用しようというものも出てきた。それは金融包摂（ファイナンシャル・インクルージョン）として注目され、国際機関もその発展を支援している。

国境を越える生産プロセス

90年代の先進国と新興国・途上国の貿易関係は、先進国が資本集約的製品や技術集約的製品を輸出し、新興国・途上国が労働集約的製品を輸出するという製品別の分業であった。

アジア経済研究の第一人者である末廣昭の『キャッチアップ型工業化論』で詳細に描か

図表2-5　フラグメンテーションの概念図

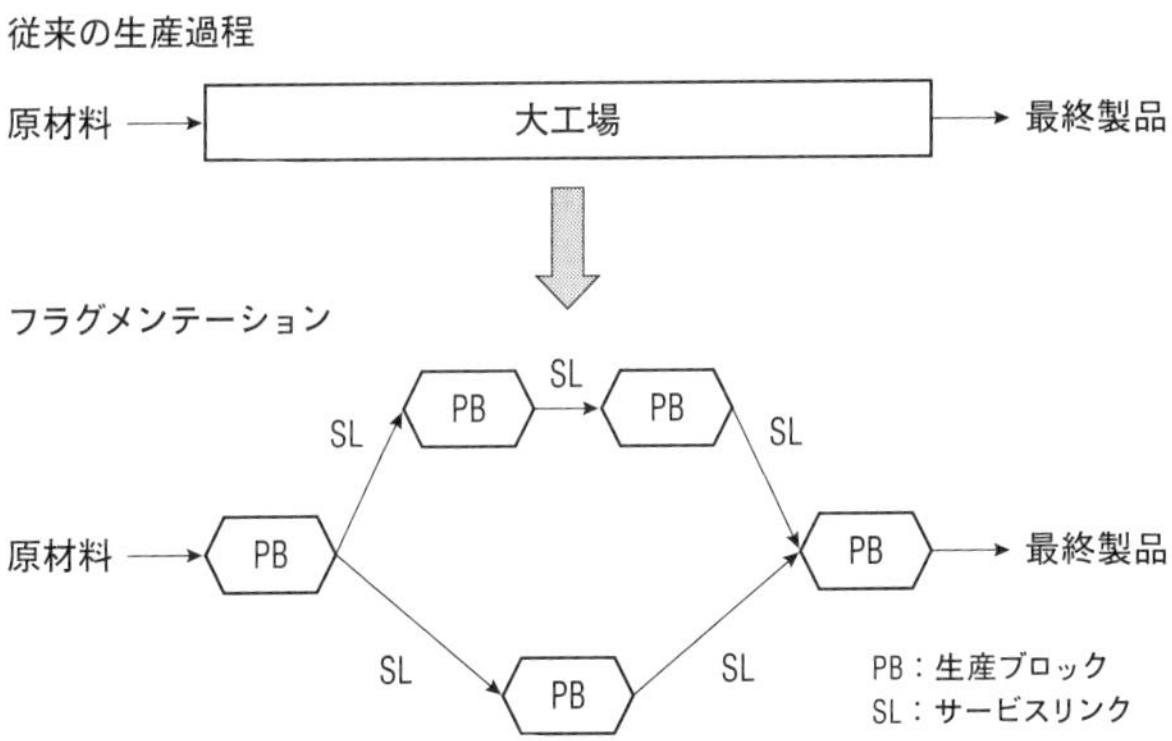

（出所）木村福成（2003）「国際貿易理論の新たな潮流と東アジア」国際協力銀行（JBIC）『開発金融研究所報』2003年1月第14号

れているように、東アジア地域は、各国が発展の段階や所得の水準の違いを生かして、異なる産業が棲み分けるという分業体制を構築し、地域としての成長を実現した。

２０００年代以降は、新興国・途上国は技術水準を高め、資本集約的製品や技術集約的製品の生産が可能になったことを受けて、一つの製品の生産工程を、複数の国が受け持つ分業が主流になった。先進国と新興国・途上国にまたがる生産分業体制は、「グローバル・サプライチェーン」と呼ばれる。

このグローバル・サプライチェーンの利点を簡潔に説明してくれるものとして「フラグメンテーション理論」がある（**図表2-5**）。

慶應大教授・木村福成の「国際貿易理論の

新たな潮流と東アジア」によれば、フラグメンテーションとは、「1カ所で行われていた生産活動を複数の生産ブロック（production block）に分解し、それぞれの活動に適した立地条件のところに分散立地させること」である。

かつては生産活動といえば、原材料の納入から最終製品の生産まで、一つの工場内で行われていた。こうした生産プロセスは図表の下部が示すように、いくつかの工程（生産ブロック）に区分できる（図中では5つの工程）。この生産ブロックをそれぞれ最適な条件を有する場所に分散させ、全体のコストを引き下げる、これがフラグメンテーションの利点である。

フラグメンテーションがどのように広がるかは、立地の条件（労賃、インフラ整備、天然資源の有無など）のほかに、輸送コストや関税率、貿易手続きなどの生産ブロックを結び付けるプロセス（サービスリンク）も影響を及ぼす。このように、生産ブロックをつなげた連鎖がサプライチェーンで、これが国境を越えた場合、グローバル・サプライチェーンとなる。

そして、近年のサプライチェーンの拡張は、ＦＴＡによる関税の撤廃や運輸インフラの整備などによるサービスリンクのコストの低下に大きく影響を受けている。

フラグメンテーションが最も進んでいる分野は電子電機産業である。

電子電機製品は構成する部品の数が多く、しかも小型で軽量であるため輸送コストが低い。それに加えて、部品のモジュール化（規格化）が進んでいることも、サプライチェーンの拡充に影響を及ぼしている。

部品がモジュール化されることで、他の部品との交換が容易になり、その組み合わせを変えることによって、誰にでもオリジナルな製品が作れるようになった。その結果、完成品を組み立てることを専門としたメーカーが多く生まれた。また、モジュール化された部品だけを生産する企業も現れた。そうした企業は複数の完成品メーカーに納入することでコストを引き下げ、競争力を高めた。

電子電機製品における新興国・途上国の台頭の背景には、このようなフラグメンテーションとモジュール化の進展があった。シャープを傘下に取り込んだ台湾の鴻海《ホンハイ》精密工業は、iPhone の生産を請け負って成長した企業の典型例である。

もちろん、すべての産業でモジュール化が進んでいるわけではない。モジュール化とは反対に、部品が相互に密接な関係を持ち、新しい製品の開発には部品間の微妙な調整を必要とするものは、インテグラル（すり合わせ）型と呼ばれる。インテグラル型産業の代表的な例は自動車産業である。しかし電気自動車が普及すれば、自動車産業でもモジュール化が進むとする見方があり、そうなると現在以上に新興国・途上国の競争力が増すことが予想される。

またフラグメンテーションの進展は、生産工程にソフトウェアが深く関与するようになったことにも影響を受けている。今やソフトウェアが生産工程を管理するため、熟練工の業《わざ》を必要とする領域は急速に縮小している。生産技術は次々、ソフトウェアに組み込まれており、それが国境をスピーディに越えることにより、新興国・途上国で生産できないものは時間とともに少なくなっている。

経済のデジタル化がもたらすもの

さらに近年の経済のデジタル化が新興国・途上国の台頭を加速させている。

1990年代以降の情報通信技術革命のなかで、マイクロプロセッサーは処理能力を年々高める一方、大量生産技術の開発により、その価格は大幅に低下した。

半導体の集積率は1年半ごとに倍増してきた（これを「ムーアの法則」と呼ぶ）。これによりコンピュータの処理能力は指数的に向上している。シリコンバレーの研究者、櫛田健児の『シリコンバレー発　アルゴリズム革命の衝撃』によれば、69年に月探査を行ったアポロ計画のメインコンピュータシステムは83年に発売された任天堂のファミリーコンピュータとほぼ同等の能力であり、２０１４年に発売された iPhone 6 の処理能力は85年の世界最速のスーパーコンピュータ「Cray-2」の６倍であるという。

また通信技術の発展により、世界中どこからでも最新の情報にアクセスできるようになった。いまやコンピュータや携帯電話は世界中の人々が手にできる生活必需品になっている。

世界銀行のデータによれば、１００人当たりの携帯電話の契約件数は、高所得国では、２０００年の49件から16年には１２６件に増加したが、中所得国のそれは５件から１０１件と飛躍的な伸びを示した。低所得国においても０・３件から60件へと急増している。

前出のスペンスが指摘するように、この情報通信技術の進歩が、新興国・途上国経済が先進国をキャッチアップするスピードを加速させている。かつてのように距離や時間が情報獲得の制限要素ではなくなってきたことは大きい。

もちろんデジタル技術の開発はまだ先進国が有利であるし、先進国はデジタル技術の開発に国をあげて取り組むようになった。たとえば、ドイツ政府は、これを「インダストリー4・0」と名付けた。

ここでいう4・0とは「第四次産業革命」を意味している。

第一次産業革命（1・0）は蒸気機関の発明による生産の効率化、第二次産業革命（2・0）は電力活用とベルトコンベアなどの活用による大量生産の実現、第三次産業革命（3・0）はコンピュータなどの情報通信革命を基盤とした生産システムの変化とし、そして現在は第四次産業革命（4・0）に移行する時期と位置づけている。ドイツは国をあげて、いち早くデジタル化に対応しようとしているのである。

ドイツの「インダストリー4・0」は、すべての部品をデータ化し、生産工程と結び付けるというIoTによる生産の効率化だといえる。具体的にいえば、ビジネス環境の変化に迅速に対応した多品種大量生産（マスカスタマイゼーション）が可能な「スマート工場」を作り上げることである。現在では、ビジネスに関連する大量のデータ（ビッグデータ）をいち早く収集・管理・加工することが重要であることは常識となった。ドイツの力強さは、これを国家戦略として取り組むという点にある。

他方、アメリカでは、GE（ゼネラル・エレクトリック）が中心になって「インダストリー・インターネット・コンソーシアム」という枠組みをつくり、製造業でのインターネットの活用に乗り出している。基本的な考え方は、ドイツの「インダストリー４・０」と同じであるが、あえて違いを指摘するとすれば、ドイツが生産過程の効率化を重視しているのに対し、アメリカは需要の新しいトレンドをいち早く発見することに重きを置いている点といえる。

他方、日本政府は、「超スマート社会（society 5.0）」を目標に様々な取り組みを展開しており、生産面では「Industry value chain initiative」が設立されている。これは製造業のデジタル化を支援するプラットフォームで、具体的には、メーカーが、生産する製品に付帯するサービスまで視野を広げて、関連サービスとの連携を強化し、その管理をＩｏＴ企業の力を借りながら、付加価値を高めていこうとする試みで、日本的な「つながる工場」「つながる物作り」の実現を目指すものである。

デジタル化を取り込んだ産業構造の改革に取り組んでいるのは先進国だけではない。

前述のように中国は15年に「中国製造２０２５」を発表したが、そのなかに技術革新へのインターネットの活用が明記されている。日本企業が集積するタイが16年に公表した「タイランド４・０」も同様である（詳細は第４章を参照）。

このようなインターネットの活用は先進国だけでなく、新興国・途上国を含めた全世界的な取り組み課題になっている。そうだとすれば、ただ単にデジタル技術を取り入れるだけでは、日本の優位性が維持できるとはいえない。

デジタル技術を活用したイノベーションは、技術主導の「テクノロジー・プッシュ型」と需要主導の「デマンド・プル型」に区分される。日本では、イノベーションが「技術革新」と訳されることが多いこともあって、前者に注目が集まりがちだが、実際のイノベーションは需要側、すなわちニーズから生み出されるものが多く、全体の7〜8割を占めている。

この点を勘案すると、イノベーションが創出されるのは、先端技術の開発で優位な先進国だと限定するべきではない。近年、拡大が著しい新興国・途上国の市場に対応したイノベーションにも目を向けるべきであろう。なかでも新興国・途上国の大都市では、インターネットの環境整備とスマートフォンの普及により、そのライフスタイルやビジネスモデルが急速に先進国化している。

加えて、新興国・途上国では先進国よりも多くの課題を抱えるがゆえに、デジタル技術を用いて、そうした課題を積極的に解決しようとする新しいビジネスが生まれ始めている。ASEANではタクシー配車アプリの使用が当たり前になっているし、販売形態も卸・小売店という伝統的販売からネット販売へと移行しつつある。スマートフォンを介した電子決済も普及しつつある。

つい最近まで新興国・途上国においては、インターネットにアクセスできるかどうかによって所得格差が拡大する「デジタル・デバイド（Digital Divide）」が議論されてきた。ところが現在は、インターネット環境の整備がすすみ、安価なスマートフォンが普及していることを背景に、さまざまな課題を、デジタル技術を用いて解決する時代に移り変わろうとしている。これを世界銀行は「デジタル・ディビデンズ（Digital Dividends：デジタル化のもたらす恩恵）」と２０１６年に命名した。

新興国と途上国

ここまでみてきたように、世界経済の成長の軸が先進国から新興国・途上国へ移行していることは、もはや不可逆の流れと捉えるべきである。

しかし、すべての新興国・途上国が同じような成長軌道にあるわけではない。

世界には成長する国がある一方で、貧困に苦しむ国もまだ多く存在するのが現状である。

「出現する」とか「台頭する」といったポジティブな意味を含む「新興」という用語をす

べての途上国に用いるのは妥当ではない。本書が先進国以外を「新興国」ではなく、あえて「新興国・途上国」と記述する理由はそこにある。

もちろん世界経済の変化を読み解くカギが「新興国」であることは間違いない。しかし新興国に明確な定義はないことにも注意が必要である。

そもそも、新興国とは、「エマージング・マーケット（emerging market）」もしくは「エマージング・エコノミー（emerging economy）」から派生した金融用語である。新興国という用語は、投資銀行ゴールドマン・サックスのエコノミスト、ジム・オニールが２００１年に発表したレポート「Building Better Global Economic BRICs」により世界中に広まった。

このレポートはブラジル、ロシア、インド、中国という４ヶ国の市場の有望性を評価したもので、これら４ヶ国の経済規模は、08年の時点ではＧ６（日本、ドイツ、アメリカ、イギリス、フランス、イタリア）の15％にすぎなかったが、25年にはＧ６の50％を超え、40年には肩を並べて、50年には１・５倍になると予測した。

これ以降、ブラジル、ロシア、インド、中国の４ヶ国は、その頭文字を取って「ＢＲＩＣｓ（ブリックス）」と呼ばれるようになった。２０００年代前半において、新興国とは

ＢＲＩＣｓのことを指していた。

その後、新興国という表現は、比較的高い成長率を実現する途上国に広く用いられるようになった。ゴールドマン・サックス自身も、07年にはＢＲＩＣｓに次いで成長が期待できる途上国として、インドネシアやエジプト、韓国、トルコ、バングラデシュなどの11ヶ国を「ネクストイレブン」と名付けた。

08年のリーマン・ショックに端を発した世界経済危機により先進国経済が長期間低迷するなかで、新興国・途上国経済がいち早く回復に向かうと、ＩＭＦや世界銀行、アジア開発銀行などの国際機関も「新興国」という用語を使うようになった。たとえば、ＩＭＦは『世界経済見通し　２０１０年４月（World Economic Outlook, April 2010）』のなかで、新しい経済勢力を示すために、途上国のなかからＢＲＩＣｓに加えて、アルゼンチン、インドネシア、メキシコ、フィリピン、タイなどの25ヶ国を「新興国経済（emerging economies）」として切り分けた。

いまでは先進国以外の国を新興国と呼び、途上国という表現を見つけるのが難しくなってきたが、定義も明らかにしないまま、用語が頻繁に使われることには注意を要する。すべての国が新興国と呼ぶのにふさわしい高い成長を遂げているわけではない。イギリスの経済学者ポール・コリアーが『最底辺の10億人』で強調しているように、現在もなお成長が見込めない国、そして貧困から抜け出せそうにない人々が多く存在することを忘れてはならない。加えて、貧困からようやく解放された人たちの生活も不安定なものであり、いつ貧困に逆戻りするかもしれない。現在、新興国と呼ばれている国々のなかにも、今後成長を鈍化させる国も出てくるに違いない。

成長の軸は先進国から新興国・途上国に移行しているが、その経済社会がまだ不安定であることに、私たちはもっと注意を払うべきである。

「国」よりも「地域」

その一方で、現在は、たとえ低所得国であったとしても、デジタル技術を活用することで、ひとつの地域だけが急速に成長して、先進国をキャッチアップできる時代でもある。

21世紀以降のインドの成長が好例である。

2000年代初頭のインドでは、1人当たりのGDPは1000ドルをようやく超えた程度であり、当時の常識に従えば、インド政府がまず着手すべき課題は、農村や都市にある過剰な労働力を吸収できるように工業化を進めることであり、それを支える大規模なインフラ整備や全国レベルでの初等・中等教育の普及であった。

しかし、インド経済の離陸に実際に寄与したのは、従来、他の新興国でみられたような労働集約的工業の発展ではなく、情報通信技術を活用したサービス産業の勃興だった。

それも労働力の豊富なデリーやムンバイなどの大都市ではなく、南インド中央部に位置する中堅都市バンガロールから発展がはじまった。

バンガロールは空軍基地を中心に政府機関が集結するとともに、工学・科学を専門とする大学（インド科学大学院大学やインド工科大学など）、高等教育機関、単科大学という教育施設が集中する地域である。つまりバンガロールは、プログラミングなどのソフトウェア開発などに資する能力を持つ人材を多く有していた。

このバンガロールをアメリカ企業が世界のソフトウェアの開発拠点として選んだのである。ここで強調しておきたいのは、アメリカ企業は、インドという「国」ではなく、バンガロールという「地域」をビジネスパートナーとして選んだことである。

その後、アメリカ企業だけでなく多くの多国籍企業が生産拠点を設置したことで、バンガロールは「インドのシリコンバレー」と呼ばれるような集積地へと成長した。このバンガロールの成長の経験はインドのなかで共有され、インド全土のさまざまな地域で情報通信サービスの生産拠点が多く出現することになった。

ＮＡＳＳＣＯＭ（国家ソフトウェアサービス企業協会）によれば、インドにおける16年度の情報通信サービスの輸出額は１１６０億ドルであり、これは日本の輸出総額の約２割に相当する。いまや情報通信サービスはインドの重要な外貨獲得産業になっている。

もし、インド政府が従来のような工業化による成長戦略に固執していたなら、同国の成長はもう少し遅れていたに違いない。

経済のけん引役は大都市

インド経済をけん引するのは、インドという国ではなく、バンガロールという一つの都市であった。ほかの新興国・途上国でも、首都などの国の中核である大都市が、その国の経済をけん引するケースが多々見られる。

これを別の角度でみれば、新興国・途上国政府はこれら大都市のインフラ整備を集中的に進め、国内外から優秀な人材を集結させることで、先進国に追随することができると言える。

もちろん新興国・途上国で大都市が突如、出現したわけではない。

80年代にも新興国・途上国には大都市が存在しており、経済のけん引役であった。しかし、これら大都市は農村・地方から流入する大量の人々に雇用を提供できず、「インフォーマルセクター」と呼ばれる低賃金の職業が拡大する地域でもあった。またインフラ整備が遅れたため、多くの人々は劣悪な生活を強いられ、その彼ら彼女らの居住場所は「スラム街」と呼ばれた。このような新興国・途上国の都市がそのキャパシティを超えて過剰人口を抱える状態は「過剰都市」と呼ばれ、先進国の大都市とは区別されてきた。

それが90年代に入り、工業化が進むなかで改善に向かい始めたのだ。とくに所得水準の上昇が顕著だった新興国・途上国の大都市の中心部には、近代的なビルディングが建ち並ぶようになり、金融や不動産などのサービス産業が拡大した。

21世紀に入ると新興国・途上国の大都市は新しい成長段階に突入した。中心部は先進国と変わらない景観を持つだけでなく、先進国と同様の情報通信技術を生かしたデジタル産業が急速に拡大している。また若者のワークスタイルやライフスタイルも先進国とほとんど変わらないものになった。

もちろん新興国・途上国の大都市は、先進国とまったく同じではない。インフォーマルセクターもいまだ大きく、都市に住むすべての人が安心して生活できるほどインフラも整備されていない。しかし、大都市の中核の生産性は、確実に先進国をキャッチアップしていることは間違いない。

注意したいのは、このような大都市の実力が国レベルの統計では把握できないことである。たとえば2016年の中国の1人当たりGDPは8000ドル強であり、中国は国全体でみれば中所得国にすぎない。しかし、上海市のそれは1万4000ドルを超えており、すでに高所得国とみなせる地域である。インドネシアも国の1人当たりGDPは3000ドル強にすぎないが、首都ジャカルタでは1万ドルを超えている。

成長のけん引役、ビジネスの主戦場は、新興国・途上国ではなく、これら新興国・途上国の大都市である。となれば国レベルの統計だけ見ていては、新興国・途上国の実力を見誤ることになる。

「メガリージョン」の登場

もっとも、大都市に注目するという観点を導入しても、新興国・途上国の実力を知る上で十分ではない。というのも、大都市は周辺の中堅都市を巻き込んで、新しい経済圏を形成し始めているからである。

　このような新しい経済圏を見いだすために、トロント大学のリチャード・フロリダ教授は、人工衛星による夜景写真を用いて、その光源の強さから経済力を測り、その光の広がりから経済の発展している領域を示そうとした。当然、衛星写真には国境や県境などは写っていない。独特の手法で見いだしたこの経済領域を、フロリダ教授は「メガリージョン(mega-region)」と名付けた。

　彼の『クリエイティブ都市論』によれば、世界最大のメガリージョンは東京圏となっている。ここでいう東京圏とは、東京都だけではなく、隣接する神奈川県や茨城県、千葉県、埼玉県の一部を含む約4000万人超の東京経済圏を指す。

　このような従来の行政区分による都市では捉えきれない経済圏が、先進国だけでなく、新興国・途上国にも出現している。

　人工衛星写真がなくても、各国の統計を詳細に調べることによって、メガリージョンの存在を確認することはできる。

　タイを例にしてみよう。タイの大都市は首都バンコクであり、それに次ぐ都市は東北部のナコンラーチャシマや南部のハジャイである。90年代までは、バンコクの成長はナコンラーチャシマやハジャイが引き継ぐものと考えられてきた。

しかし、2000年代以降、経済成長はバンコクから第二都市に波及するのではなく、バンコク周辺の県の成長を促した。バンコクでは先進国と変わらないサービス産業が誕生する一方で、周辺県が工業地帯を受け持った。そして、その周辺県を目がけて地方から若年層が流入するようになったのである。その結果、バンコクだけでなく、周辺7県の1人当たりGDPが1万ドルを超えるようになった（集積地として第4章で再考する）。21世紀に入ると、新興国・途上国における経済成長は、大都市からかけ離れた地方都市へと「飛び火」しなくなったのである。

このように、メガリージョンは、国でもない、従来の都市の枠組みでも捉えることができない新しい経済単位として浮上してきた。

他方、メガリージョンは地方から高い人的資本と資金を一方的に引き込む「ブラックホール」のような存在であり、そして、そのブラックホールの出口は、海外のメガリージョンに向けて開かれていることに注意する必要がある。経済成長の恩恵は国内に十分広がらず、地域間所得格差が目に見えて拡大するようになっているのである。

わが国では、元総務大臣の増田寛也編著『地方消滅』が、東京へ向かう人口移動を止めなければ地方はやがて消滅することを指摘して話題をよんだ。これは日本特有の問題ではない。新興国・途上国を含めて世界中で起こっている現象である。現在は、低所得国でも高成長が可能な時代であるとともに、その成長を国全体に広げることが難しい時代なのである。

タイでは、この地域間所得格差が近年の政治混乱の遠因になった。中国においても所得格差の是正が習近平政権の主要課題になっている。先進国でもアメリカ・トランプ政権がいう「アメリカ第一主義」とは、メガリージョンから引き離された地域の復興を指していたのはいうまでもない。このように、メガリージョンは成長のエンジンとなる一方で、地域間所得格差を広げるという政治・社会リスクを内包していることを特記しておきたい。

第3章　「アジアと日本」から「アジアのなかの日本」へ

もはや日本はアジア唯一のリーダーではない

第1章でみたように世界経済に占める日本の比率は急速に縮小している。日本の名目GDPが世界に占めるシェアは、1994年の17・7%をピークに、2016年には6・5%に低下した。IMFの見通しによれば、22年にはさらに5・3%に低下するという。

その結果、アジアにおける日本のプレゼンスも変化している。**図表3-1**は、日本と東アジア諸国・地域の名目GDPを比較したものである。ここでいう東アジア諸国・地域は、中国、韓国、台湾、香港、ASEAN加盟10ヶ国といった多くの国・地域を含んでいる。

日本の名目GDPは90年代以降ほとんど変化していない。「失われた20年」といわれる所以である。いまやそれは「失われた30年」になろうとしている。これとは対照的に東アジア諸国・地域の名目GDPは2000年代以降急速に拡大してきた。

戦後長らく日本は東アジアにおいて唯一のリーダー的な存在であった。90年の名目GDPで日本は、これら東アジア諸国・地域のすべてを足した額の倍の規模を有していたから

図表3-1 日本と東アジアの名目GDPの推移

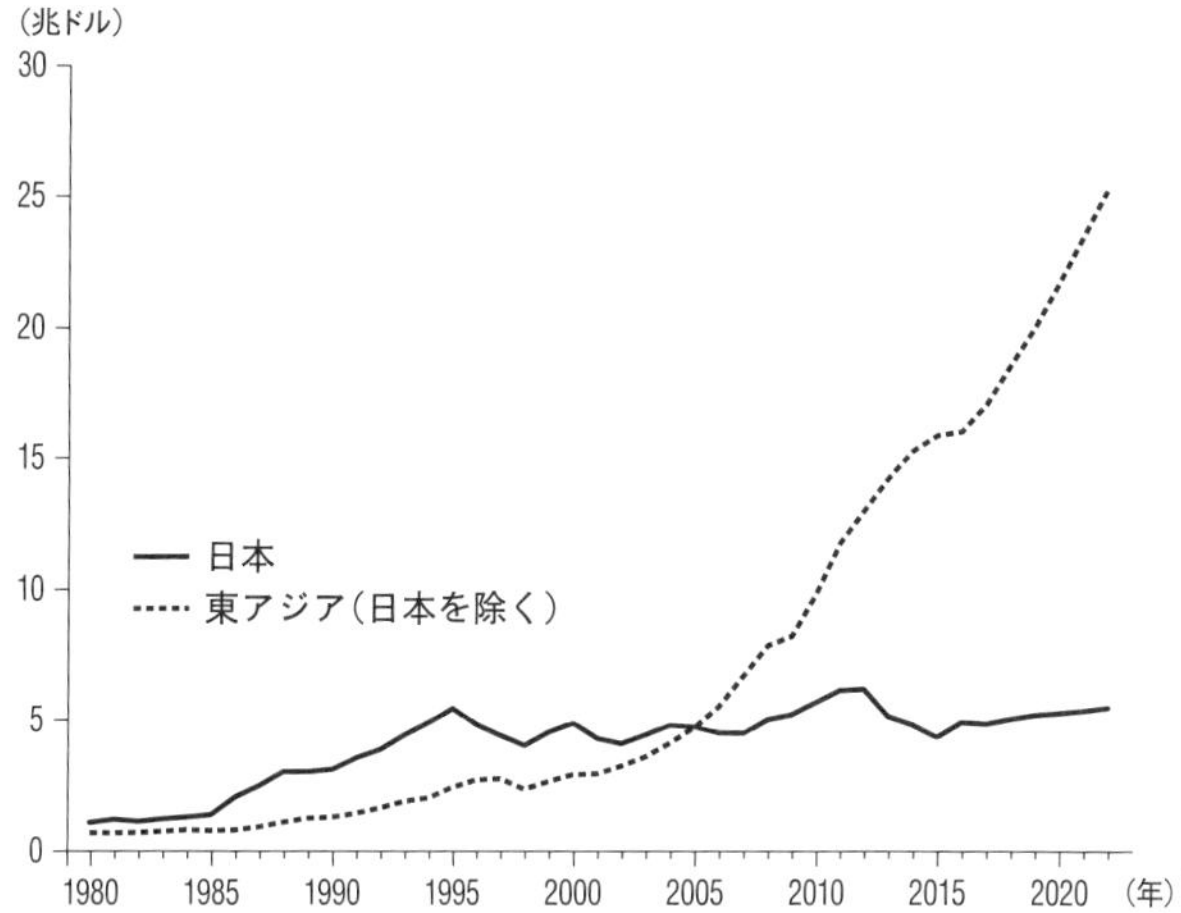

(注) 東アジアは、中国、韓国、台湾、香港、ASEAN加盟10ヶ国
(出所) IMF, *World Economic Outlook, October 2017* より作成

である。21世紀初めにおいてさえも、わが国のGDPはこれらの国・地域の総額を上回っていたのである。つまり21世紀初めまで、日本は、東アジアのなかで他国の追随を許さない存在であった。そういうこともあって、わが国とアジアとの諸関係を考える際には、常に「日本とアジア」という文脈が多用され、日本のアジアにおけるリーダーとしての役割が論じられてきた。

しかし、この10年余で、事態は大きく変化している。

東アジア諸国・地域の名目GDPは06年に日本を追い抜いた。10年には中国が単独で日本を追い越し、世界第2位の経済大国になった。そして16年時点において東アジア諸国・地域の経済規模は日本の3・2倍になっている。この格差は22年には4・6倍に拡大すると見られている。すでに日本は東アジアで抜きんでた存在ではないのだ。

つまり20世紀のパラダイムであった「日本とアジア」という見方はもはや時代遅れである。もちろん1人当たりの所得水準でみれば、日本のそれはなお高水準にある。しかし、東アジアにおける唯一のリーダーではなくなったことは確かである。今後は日本がリーダーとなるべき分野を見極めて、集中的に努力を積み重ねていくという戦略的視点が求められよう。そのためには、「アジアと日本」ではなく、「アジアのなかの日本」という視点が肝要になる。

さて、東アジア諸国・地域の経済規模は右肩上がりの曲線で拡大しているわけだが、これと同じような曲線で示される社会現象がある。ひとつの例を挙げるとすれば、わが国の高齢化だ。65歳以上の人口比率（高齢化率）は右肩あがりで上昇しており、２０４０年には40％近くになると見込まれている。

こうした右肩あがりの曲線で表現される社会現象にはいくつかの共通した特徴がある。

そのひとつは、これまで経験したことのない事象が次々と社会に現れるということだ。例として挙げた日本の高齢化だが、その対策がいつも後手に回ってきたのは、高齢者人口が急増するなかで、これまで経験したことのない社会現象が、そこかしこに出現してきたからである。従来の知識や経験がほとんど役に立たないのだ。２０２５年には７００万人に増加すると見込まれる認知症患者への対応、増え続ける介護負担を担保する財源、高齢者に使い勝手のよい都市整備のあり方などに関して、現在も明確な処方箋は見つかっていない。右肩あがりの曲線で描かれる社会現象がもたらす、このようなリスクを回避するためには相当な想像力を必要とする。

他方、このような社会は新しいビジネスチャンスの宝庫ともいえる。携帯電話の急速な普及がその好例であろう。現在では携帯電話は単なる通信手段ではない。カメラ、オーディオ機器、書籍、財布、配車アプリなどの多様な機能を持つスマートフォンに変貌した。10年前に、携帯電話がこのような多様な機能を持つことを、しっかり把握していた企業は飛躍的な成長を遂げている。

すなわち日本の持続的な成長には、右肩あがりで拡大するアジアのリスクとチャンスを把握する作業が必要になるといえよう。固定観念にとらわれず、身の回りで起こっている事象に目を向け、その背景を詳細に分析する。できる限りの想像力を駆使して、自らの能力に応じた戦略を立案・実施する。こうした構想力が問われているといってよい。

アジア化するアジア

「21世紀はアジアの世紀」といわれて久しい。

貿易面でみれば東アジア諸国・地域の輸出総額は、1960年には121億ドルで、世界に占める割合も10％にすぎなかった。しかし70年代後半から拡大傾向を強め、80年には15％（2781億ドル）、2000年には28％（1兆6850億ドル）、16年には35％（5兆1868億ドル）と着実にプレゼンスを高めてきた（**図表3–2**）。

東アジアの力強さは、その牽引役が時間とともに移り変わることで維持されてきた。60年代後半から70年代までの主役は日本だった。日本の輸出が東アジア全体に占めるシェアは実に5割を超えていた。

80年代に入ると、韓国や台湾などのNIEsが台頭してきた。NIEsの輸出額は92年に日本の水準を追い越し、96年には東アジア全体の4割に達した。

そして90年代の後半以降は中国が台頭し、2000年代後半からは主役となる。東アジ

図表3-2 東アジアの輸出額

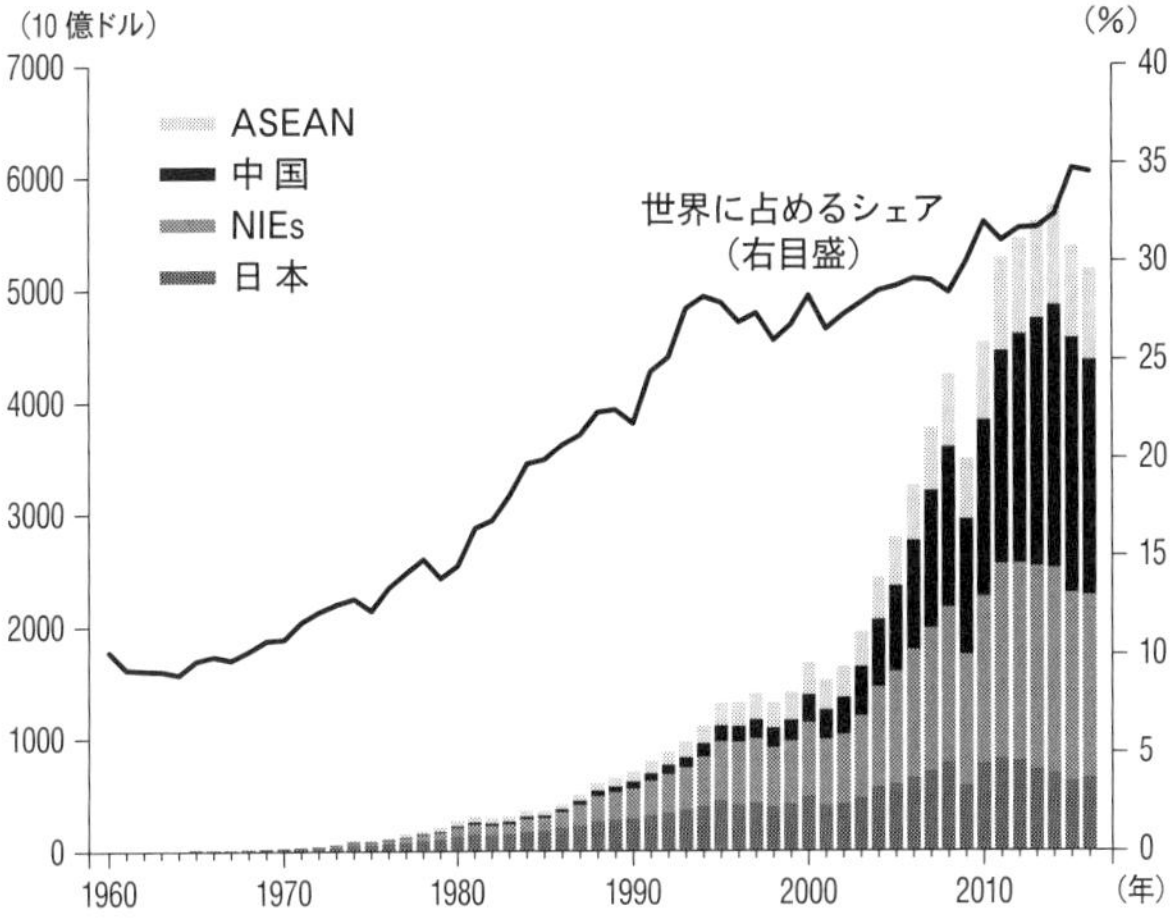

(出所) UNCTAD STAT より作成

アの輸出における中国のシェアは、95年には11%にすぎなかったが、04年に日本を、08年にNIEsを追い越し、16年には40%を超えた。残るASEANだが、80年代までは天然資源の輸出が中心で、90年代以降は工業製品を中心に常に15~20%で推移してきた。前三者に比べて変化は少ないものの、安定的な水準を維持してきたことは、ASEANが時代の変化に対応してきた結果といえる。

他方、東アジアの輸出相手先も大きく変化した。

80年代半ばまでは、アメリカ市場が東アジアの最大のアブソーバー(吸引）地域であった。アメリカは市場と外貨を提供することを通じて、日本だけでなく東アジアの成長を支えてきたのである。現在もなお東アジアのアメリカ向け輸出は増加し続けている。

しかし、東アジアの輸出全体に占める割合は、80年代半ばの35％から、2000年に24％、16年には15％へ低下している。

これはアメリカの輸入における、東アジアの比重が低下したことを示しているのではない。アメリカの対東アジア輸入額は、2000年の4460億ドルから、16年には9000億ドルとほぼ倍増しており、アメリカからみれば東アジアからの輸入は常に40％を超えている。

輸出に占めるアメリカ市場の割合が低下したのは、東アジアの経済規模が拡大したことと、域内の経済統合が進んだ結果である。とくに東アジア域内における分業体制を背景に、中間財の取引が増えた。また、生産された最終製品が東アジア内で消費されるというメカニズムが機能し始めたことを意味する。

このように東アジアで生産し、消費するという自立に向けたメカニズムを、アジア経済研究の大家、渡辺利夫は『開発経済学入門（第三版）』で「アジア化するアジア」と表現

図表3-3　東アジアの域内貿易

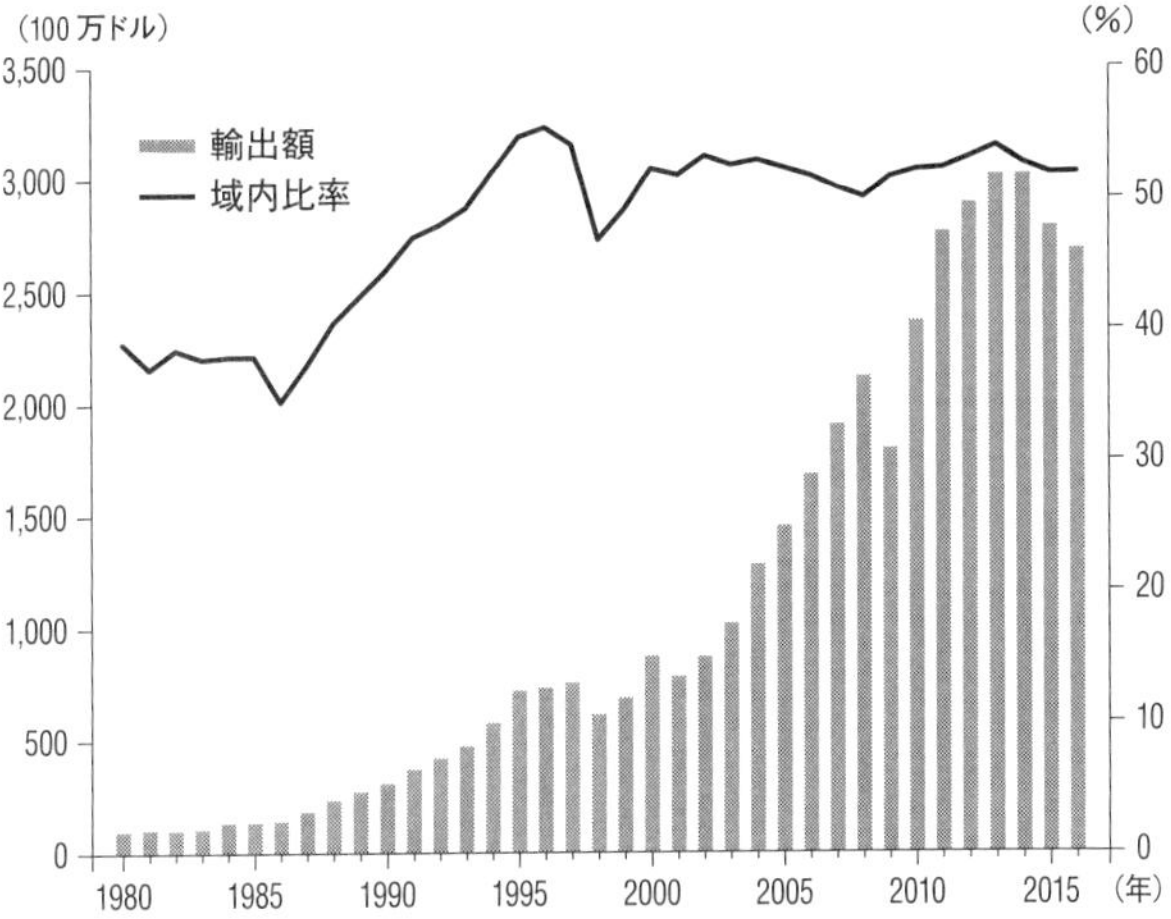

(出所) UN Comtrade Database, UNCTAD STAT より作成

した。アジアの経済統合は東アジアの域内貿易比率から捉えることができる(**図表3−3**)。

東アジアの域内貿易比率（東アジア諸国・地域の全輸出に占める、同地域向け輸出の比率）は85年の38％から、2000年には52％へと上昇した。21世紀に入っても一貫して50％台を維持している。

したがって、「アジアのなかの日本」の重要な成長戦略のひとつは、「アジア化するアジア」、すなわち東アジアの経済統合をうまく活用することである。

ＡＳＥＡＮにある集積地を活かせ

本書の最大の主張は、新興国・途上国経済の台頭という世界的潮流に対応するためには、日本とＡＳＥＡＮの連携の強化が重要だということである。

今日、ＡＳＥＡＮは東南アジアと同じように地理的領域を表す用語で使われることが多いが、正確には１９６７年にインドネシア、フィリピン、マレーシア、タイ、シンガポールの５ヶ国により発足した「東南アジア諸国連合（Association of South-East Asian Nations)」という地域協力組織の名称である。その後、84年にブルネイが加盟し、90年代にカンボジア、ラオス、ミャンマー、ベトナムが相次いで加盟することで現在の10ヶ国からなる体制が整った。これによりＡＳＥＡＮの地理的領域が東南アジアのそれと一致することになった。本書でも東南アジア地域という意味でもＡＳＥＡＮという用語を使っている。

そのＡＳＥＡＮを、日本企業は生産・輸出拠点として活用すべきというのが本書の主張である。なぜなら、85年のプラザ合意を契機に日本企業のＡＳＥＡＮ進出が本格化し、今日まで四半世紀以上を経て、その生産拠点は国外にあるわが国の工業地帯の一つと捉えるべき規模を持つようになっているからだ。

わが国のアジアへの直接投資先といえば、中国向けが圧倒的に多いと考える人が多いか

図表3-4　日本のアジアにおける直接投資累計額
（製造業：2016年末）

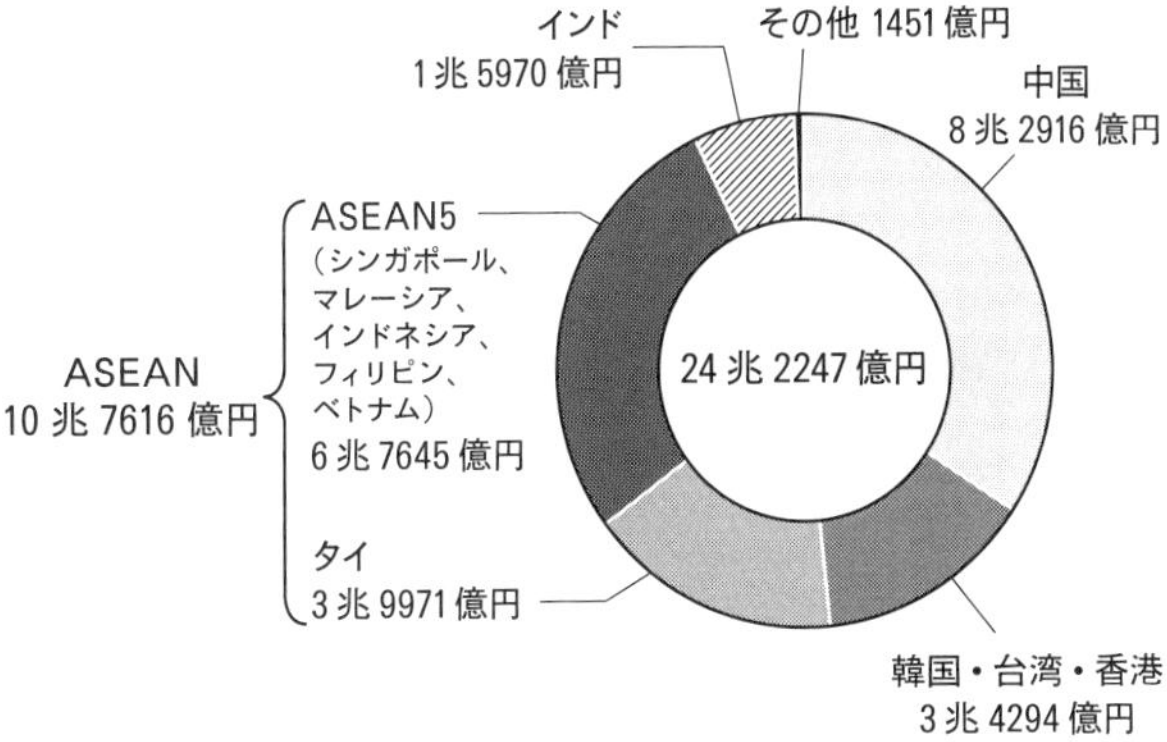

（出所）日本銀行統計より作成

もしれない。これには、２０００年代にメディアが連日のように日本企業の中国ビジネスについて熱心に伝え続けたことが影響している。

しかし、日本銀行の対外直接投資統計をみると、ＡＳＥＡＮ向けが中国向けを上回っている。

製造業の直接投資累計額は16年末でＡＳＥＡＮ向けが10兆７６１６億円と、中国向けの８兆２９１６億円を大きく上回っている（**図表3-4**）。

加えて、注意したいのは、わが国の中国向け投資が、北京市、天津市、上海市、武漢市、重慶市、広州市などの中国全土に広く分散しているのに対して、ＡＳＥＡＮ向け投資は、主要国の首都圏周辺の工業団地に集中していることである。タイではバンコク周辺、マレーシアではクアラルンプール周辺とペナン周辺、インドネシアではジャカルタ周辺の工業団地に日本企業は集結している。

なかでもタイのバンコク周辺への集中度は高い。16年末の日本のタイ向け直接投資累計額は3兆9971億円と、中国向けの半分近くに相当するが、その投資先の9割以上がバンコク周辺に位置している。おそらく単位面積当たりの日本の製造業の数は、バンコク周辺が世界で最も多いに違いない。

また、そこで生産されるのは、すでに労働集約的な製品だけではない。自動車関連でいえば、完成品メーカーだけでなく、第一次サプライヤ（部品メーカー）、第二次サプライヤ（生産機械・設備メーカー）、第三次サプライヤ（機械・設備のメインテナンスや物流関連の企業）が進出している。これらの企業が形成する集積地は、国外にあるわが国の工業地帯といってもよい存在である。

経済産業省「海外事業活動基本調査結果概要」（2017年）によれば、ASEAN4ヶ国（タイ、マレーシア、インドネシア、フィリピン）で操業する日本企業の従業員数は、2000年度の93万人から15年度には145万人に増加した。この規模は岩手県の人口

125万人を超えている。

また、同現地法人の経常利益は1兆7500億円であり、全世界の18％を超える。なお、この調査にはシンガポール、ベトナムが含まれていない。両国を含めれば現地法人の従業員数と経常利益は、それぞれ191万人、2兆460億円に増える。

これらの点を勘案すると、日本企業は、すでにあるASEANの生産拠点を最大限活用することが望ましい。

変わる日本とASEANの関係

日本とASEANとの歴史的な経済関係については、高校の教科書にもたびたび現れるところである。たとえば、江戸時代以前にすでに、わが国はタイ、ベトナム、カンボジア、フィリピンなどと交易関係を持ち、これらの国には日本人町が形成されていた。同地で活躍する日本人も多く、なかでもタイ（アユタヤ時代）における傭兵として活躍した山田長政の存在は有名である。江戸時代における鎖国制度のなかにあっても、オランダ商人を通じてインドネシアからジャガイモなどを輸入したと記されている。

インドネシアを専門とするアジア経済学者の加納啓良『「資源大国」東南アジア』によ

図表3-5　日本のASEANからの輸入品目構成

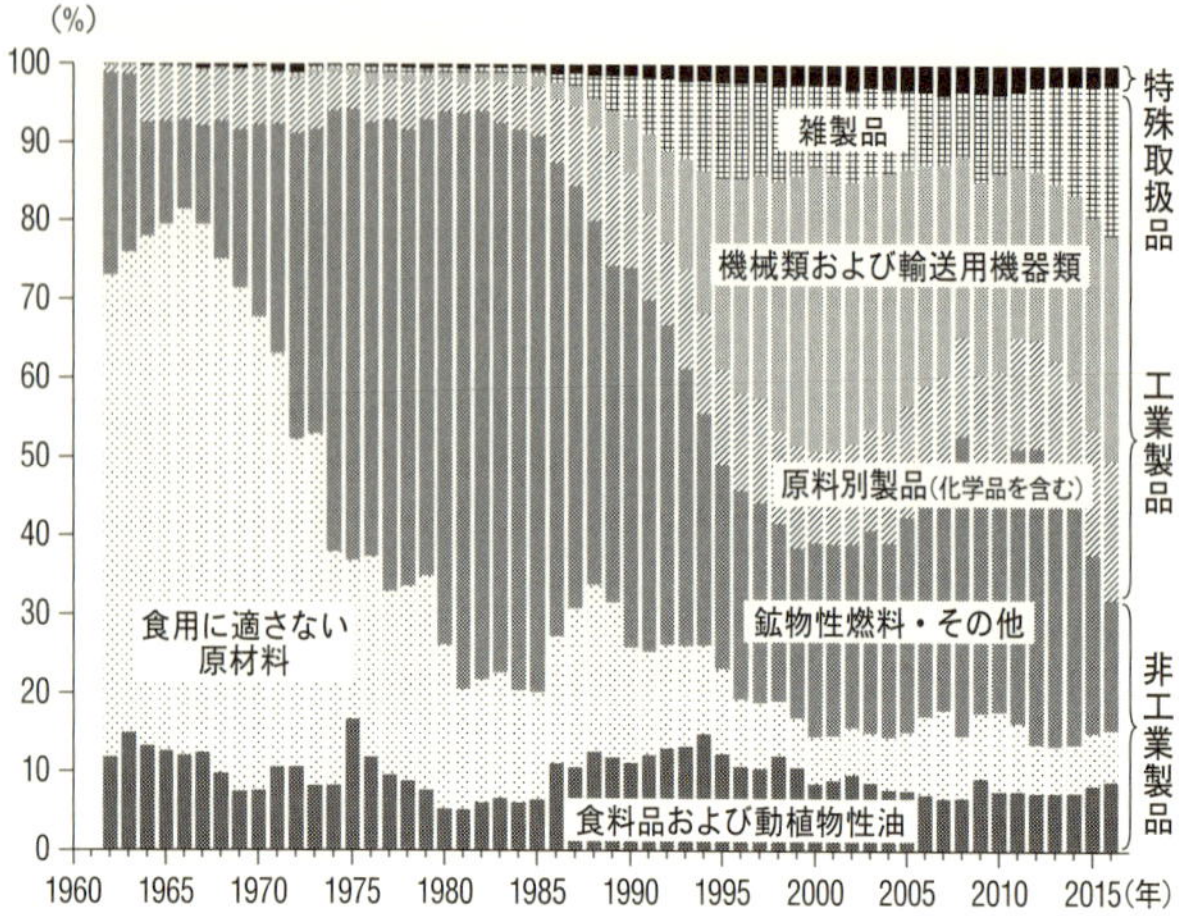

（出所）UN Comtrade Databaseより作成

れば、ＡＳＥＡＮはコーヒー、砂糖、コメなどの食糧・食品、スズ、ボーキサイト、鉄鉱石、銅、ニッケル、天然ゴム、パームオイル、原油、天然ガス、石炭などの豊富な天然資源を、戦前から世界中に輸出してきた。

あまり知られていないことであるが、1950年代において東アジアで輸出が最も多かったのは日本でも中国でもなく、実はＡＳＥＡＮであった。60年代以降は工業化が進展した日本、ＮＩＥｓ、中国が貿易の主役となるが、非工業製品に限ってみれば、現在もなおＡＳＥＡＮは東アジア最大の輸出地域である。実際に、80年代までＡＳＥＡ

Nからの輸出の85％以上が資源関連であり、他方、輸入の90％は工業製品であった。日本との関係も同様で、80年代前半までASEANからの輸入の90％近くは資源関連であり、他方、輸出の95％以上が工業製品であった（**図表3―5**）。

このASEANからの天然資源の輸入が、高度成長期の日本人の生活を支えた。当時の日本とASEANとの貿易関係を知る上で格好の書物として、鶴見良行『バナナと日本人』と村井吉敬『エビと日本人』がある。この2冊は、わが国の食卓が、いかにしてASEAN諸国の経済・社会と直結しているかを、バナナとエビという身近な食材を通じて詳細に論じたものである。

もっとも日本がASEANに依存していたのは食料品だけではない。わが国は天然ゴム、木材の輸入の8割以上をASEANに依存していた。タイヤの原料である天然ゴムは日本の自動車ブームを支え、木材は高層ビル建築に使われるコンクリートパネル（型枠）として急激な都市化の進展を助けた。

他方、これら木材の輸入がASEANの自然環境を破壊するものとの声があがったのもこの時期である。原油をはじめ鉱物性資源の輸入については中東の存在が圧倒的に大きいが、インドネシアを中心にASEANからの原油輸入も少なくない。

当時のASEAN諸国は、おしなべて、これら天然資源の輸出で手にした外貨を元手に、自力で工業化を進めようとしていた。同時に、為替レートを高めに誘導することで工業化に必要な原材料や機械・設備を安く輸入し、海外からの工業製品には高い関税率を課すことで、国内工業化を促進しようとした。この政策は「輸入代替工業化」と呼ばれる。

70年代にもASEAN市場での販売を目的に進出した日本企業はあるが、数は多くない。現地生産するには消費市場は小さく、またインフラ整備も遅れていたからである。いずれの国も輸入代替工業化は成果をあげることができず、ASEANは天然資源の供給地という立場から脱却できなかった。

プラザ合意がもたらしたもの

天然資源の輸出に偏重していたASEANが、現在のような工業製品の生産・輸出基地に変貌するきっかけとなったのは1985年のプラザ合意であった。前述のように、進む円高のなかで、わが国のASEAN進出が本格化することで、進出先の工業化を促進し、ASEANと日本の関係を変える契機になったのである。

図表3―6は財務省および日本銀行の直接投資額統計のうち、ASEAN向けの推移を

図表 3-6　日本の対 ASEAN 直接投資額（製造業）

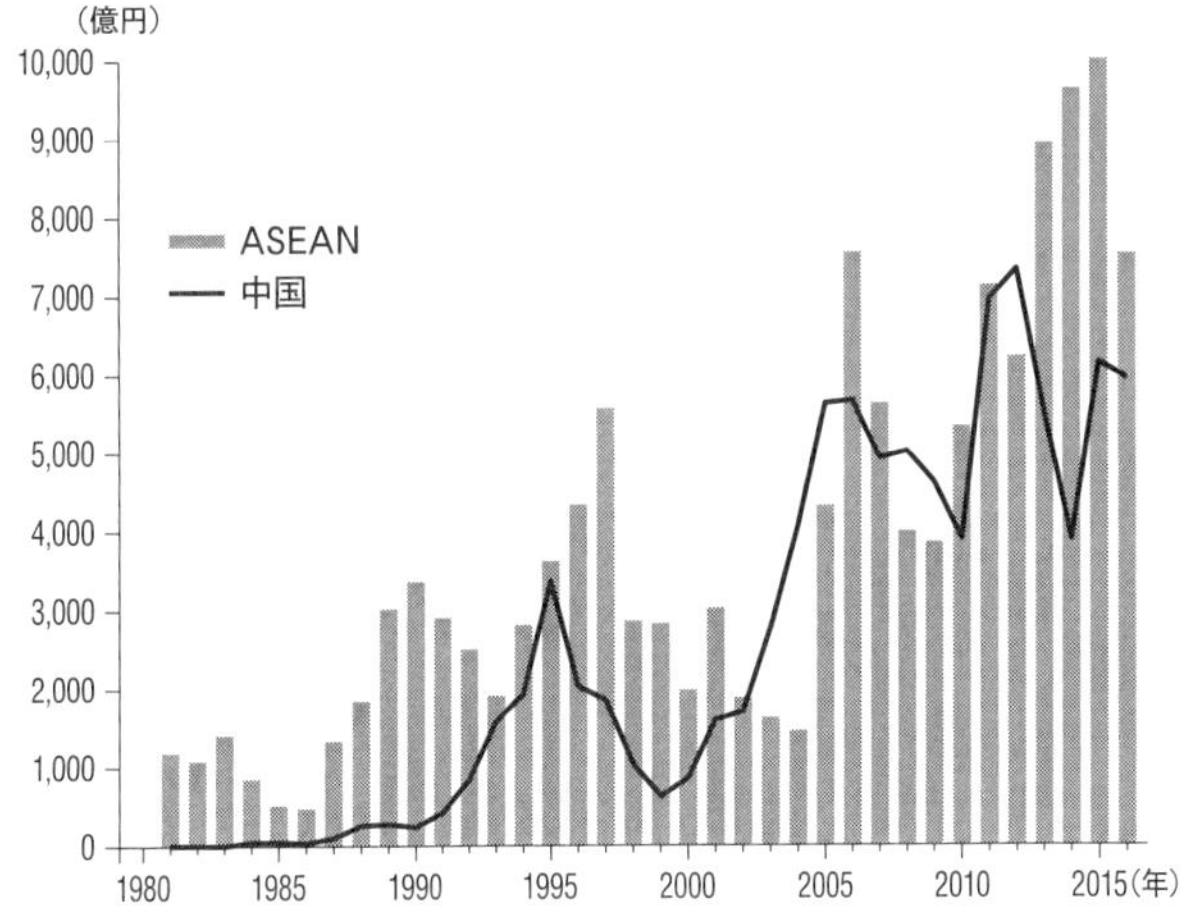

（出所）財務省、日本銀行統計より作成

みたものである。86年を境に直接投資額が急増していることがわかる。図表には参考までに中国向け直接投資額の推移を示しておいたが、数年を除いてＡＳＥＡＮ向け直接投資が対中国のそれを上回っていることがわかる。

もちろん日本企業だけでなく、欧米企業、そして韓国や台湾企業のＡＳＥＡＮ進出も工業化を加速させる要因となった。これを受けて、ＡＳＥＡＮの輸出額は85年の７３０億ドルから２０００年には４３００億ドルと、15年間で約6倍に増加した。しかも輸出における工業製品の割合は同期間に38%から80%に上昇した。

ＡＳＥＡＮは多国籍企業の進出をテコに、天然資源の輸出地域から工業製品の輸出地域へ変貌したのである。

ＡＳＥＡＮの工業化をうながした要因には、各国政府が、輸入品を自国生産しようという「輸入代替工業化」から、「輸出指向工業化」へと政策を転換させたこともある。輸出向け工業製品を生産するために進出する外国企業に対して、規制を緩和するだけでなく、関税や法人税の免除や軽減などの恩典を付与するという誘致策を実施した。また、外国企業の進出リスクを軽減するために、インフラ整備を行った輸出加工区や工業団地を準備した国もある。

その結果、85年から95年のタイ、インドネシア、マレーシア、シンガポールの4ヶ国の年平均成長率は8％を超えた。日本を先頭に、ＮＩＥｓに広がった工業化の波がＡＳＥＡＮにも広がるというメカニズムは、「雁行型経済発展」とも「後方連関的工業化」とも呼ばれた。94年に発表された世界銀行『東アジアの奇跡』は、ＡＳＥＡＮを含めた東アジアという地域全体の工業化がなぜ成功したかを、真正面から議論した報告書である。ちなみに同書の分析対象に中国は含まれていない。

このＡＳＥＡＮの工業化は多国籍企業をエンジンとするものであり、生産に必要な機械や設備、部品を含む中間財の多くを輸入に頼らざるを得ないという問題を抱えた。その結果、輸入が急増する。ＡＳＥＡＮの貿易収支は88年から赤字に転じ、96年の赤字幅は２８０億ドルに達した。このように貿易収支が悪化するなかで、ＡＳＥＡＮの高い成長に対する懐疑的な見方が広まった。そのなかでも有名なのはノーベル経済学賞を受賞したポール・クルーグマン教授の「まぼろしのアジア経済（The Myth of the Asia's Miracle）」という論文であった。彼は、ＡＳＥＡＮを含めて東アジア諸国の成長は労働投入量の増加と資本の蓄積によってもたらされたものにすぎず、持続的成長にもっとも必要な生産性が高まっていない。このような成長は、いずれ減速を余儀なくされるだろうと言及した。

こうした状況下の97年、ドルと連動する為替制度をとっていたタイがヘッジファンドの通貨アタックを受けてバーツが暴落した。いわゆる「アジア通貨危機」である。その影響はまたたくまにＡＳＥＡＮ全域に波及した。98年の実質ＧＤＰ成長率はタイがマイナス10・5％、マレーシアがマイナス７・４％、インドネシアがマイナス13・１％と、ＡＳＥＡＮ各国は未曾有の経済後退を余儀なくされた。

中国脅威論から中国共栄論へ

ＡＳＥＡＮ諸国が通貨危機の後遺症に悩まされるなか、世界の注目を集めるようになったのは中国である。中国は海外との資金移動を制限してきたため通貨危機の影響を受けず、そのうえ改革開放の効果が現れて高い成長を維持していた。さらに中国は２００１年にＷＴＯに加盟することで、国際ルールにのっとって世界経済に本格的に参入することをアピールした。

日本企業の間でもＡＳＥＡＮへの期待が縮小したこともあって中国投資ブームが起こった。前掲の**図表3-6**（１１９ページ）にも２０００年代前半にわが国のＡＳＥＡＮ向け直接投資が減少し、中国向けが急増していることが示されている。

中国は、豊富な労働力を活用した労働集約的製品と、自前で人工衛星を飛ばせるレベルの資本集約的・技術集約的製品、双方の生産で強みを持つ国である。21世紀初頭には、中国の世界経済への参入は「脅威論」として議論され、東アジアの分業体制を壊すものだという見方もあった。また中国経済が国際市場に本格的に参入すれば、ＡＳＥＡＮは競争力を失うという観測もでていた。ＡＳＥＡＮ諸国は工業による成長ではなく、豊富な資源を活用した産業に特化すべきだという意見さえ出たほどである。

実際、ASEAN各国政府も多国籍企業の投資が中国へと向かってしまうという危機感を強めた。これがASEANを共同体の形成へと向かわせる推進力になった。

しかし結論からいえば、中国経済が躍進するなかでASEAN諸国はより成長し、輸出を伸ばすことができた。これは80年代後半からASEANでは工業化がスタートしていたため、中国経済が台頭した21世紀初頭の時点で、ASEANの生産拠点は相応の競争力を持っていたからである。その結果、ASEANと中国の間で電子電機製品の分業体制が形成された。これは第2章で示したように、電子電機製品は部品数が多いこと、部品が小型・軽量なので輸送コストが低いこと、モジュール化が進んだことから、生産工程のフラグメンテーションが進む時期にあったことも追い風になった。

経済産業省の外郭団体、経済産業研究所（RIETI）が作成する貿易データによると、ASEANから中国への電子電機製品の中間財（加工品と部品）の輸出は、2000年の460億ドルから16年には5770億ドルに増加している。他方、中国からASEANへの同じ中間財の輸出も230億ドルから2910億ドルに増加した。

収支をみるとASEAN側の大幅な輸出超過（黒字）となっている。中国から世界に向けた電子電機製品（完成品）の輸出が増えれば増えるほど、ASEANからの中間財（部品）の輸出が増える、という三角貿易をＡＳＥＡＮは中国との間に形成したといえる。

さらに中国経済の躍進がＡＳＥＡＮの輸出を増大させたもう一つの要因は、中国の旺盛な消費である。日本の高度成長期がそうであったように、天然ゴム、パームオイル、原油などの中国向け輸出が急拡大した。

つまり２０００年代において、ＡＳＥＡＮの中国向け輸出は、工業部門における分業体制による中間財と、旺盛な消費に応えた資源の輸出によって拡大した。そしてＡＳＥＡＮにとって中国脅威論はいつしか中国共栄論に転じた。

中国との間にサプライチェーンを形成できたことは、ＡＳＥＡＮの生産拠点が単なる最終加工地ではなく、資材や部品を供給する裾野産業や、資本集約的な産業の集積地になっていたことを示している。

このことをタイのバンコクを例にもう少し詳しくみておきたい。

バンコク圏に集中する日本企業

日本企業にとってＡＳＥＡＮの魅力の一つは、長い時間をかけて形成された日本企業の産業集積地があることである。とくにタイのバンコク周辺は日本企業の世界最大の集積地となっている。

1970年代から80年代半ばまで、工場建設といったタイへの投資・進出は、同国の内需を目当てにした企業が主流であった。末廣昭の『タイ―開発と民主主義』によれば、農業国であったタイでは農産品を運ぶピックアップトラックの需要が高かった。タイ政府は同種のトラック輸入には高い関税をかけたこともあって、日本の自動車メーカーが早い時期から進出していった。これが現在のタイにおける、わが国の自動車産業集積地の基礎となっている。

また農村の所得が向上するにつれて、オートバイやテレビ、冷蔵庫、農家の屋根に使うトタン、農産物や肥料を入れるポリ袋などを生産する企業も進出した。しかしタイの市場規模は総じて小さく、進出企業も少なかった。外国企業の進出認可機関であるBOI(タイ投資委員会)の認可件数をみると70年代は24件にすぎない。

85年以降の円高のなかで日本のタイ投資が本格化していくが、当初、進出した業種は、安価な労働力を活用した繊維・衣服関連や、タイの豊富な天然資源と労働力を組み合わせた食品加工などが中心であった。日本の居酒屋向けの焼き鳥や加工済みのエビフライ、アジフライなどの冷凍食品の日本向け輸出が増えた。その後、次第に家電や石油化学などの製造業や、金融、小売、物流、外食といった非製造業もタイに進出するようになった。

日本企業を始めとする外資企業の進出により、タイの工業製品の輸出は、85年の30億ドルから、2016年には1630億ドルと50倍以上に拡大。これに伴い輸出に占める工業製品の割合も42％から79％へと上昇した。タイは「農業国」から「工業国」へと変身したのである。

しかし正確にいえば「工業国」へ移行したのはバンコクとその周辺である。タイの工業生産の地域ごとの割合をみると、80年代には50％近くをバンコクが占めていたが、2015年には16％に低下している。他方、バンコク近隣・周辺9県が工業生産で占める割合は35％から60％に上昇した。つまりバンコクと近隣・周辺9県を合算すれば、全国の工業生産の7割以上を占めることになる。

工業生産の中心が近隣や周辺の県に移るなかで、バンコクは金融、不動産、小売・卸などのサービス業を中心とする大都市へと変貌していった。ちなみにバンコクのサービス産業が生み出す付加価値は国全体の3割以上を占めている。このようにサービス業中心のバンコクと、工業生産拠点の周辺地域とが一大経済圏＝メガリージョンを形成している。

日本企業の投資はタイ投資委員会の認可件数でみると、80年代の517件から、90年代に1542件、2000年代には2818件に増加した。05年以降は政局不安や大洪水など投資にはマイナスに作用する要因があったにもかかわらず、増加傾向は変わっていない。これは、タイが日本企業にとって他に代えがたい投資地域になっていることを示すものである。さらに、11年から16年の6年間の認可件数は3423件と、2000年代の累計数をすでに上回っている。

このように日本企業がタイに巨大な集積地を形成していることが、日本でもはっきりと認識されるきっかけとなったのは11年にタイで起きた大洪水であった。この洪水によりバンコク北部に位置する7つの工業団地が被災したことで、世界のサプライチェーンが停止を余儀なくされたからである。

現在、タイの生産拠点は安価な労働力を活用した加工地ではなく、ハイテク製品の産業集積地となっている。世界第2位のHDD(ハードディスクドライブ)の生産国であり、ゴムタイヤでは第6位、コンピュータ関連製品では第7位、自動車では第12位である。そのほか、エアコン、冷蔵庫の世界的な輸出拠点となっている。

次章では、この一大拠点を活用していく戦略について述べていきたい。

第4章　ＡＳＥＡＮから新興国・途上国を開拓する
――メイド・バイ・ジャパン戦略

拡大する新興国・途上国市場

21世紀における世界経済の特徴の一つは、新興国・途上国が旺盛な消費意欲を持つようになったことであろう。わが国が貿易立国として復活するためには、先進国だけでなく、この拡大する新興国・途上国の消費市場を開拓・確保することが不可欠なのはいうまでもない。

2000年代以降、新興国・途上国の名目GDPの伸びは先進国を上回っているが、このGDPとは、1年間の付加価値の生産規模を示すと同時に、家計や企業、政府が購入した財・サービスの総額を表すものである。すなわち近年の新興国・途上国の経済規模の拡大は、新興国・途上国における財とサービス市場の急拡大を示すものなのだ。

2000年から16年までに先進国の名目GDPは約19兆ドル増加したが、新興国・途上国の増加分は、それを上回る約22兆ドルだった。IMFの見通しによれば17年から22年までの名目GDPの増加分は、先進国が約10兆ドルであるのに対し、新興国・途上国のそれは約14兆ドルと、やはり先進国を上回っている。新興国・途上国市場の「伸びしろ」が大きいといわれる所以である。

新興国・途上国の名目ＧＤＰが30年頃に先進国と肩を並べるということは、その消費市場の規模が先進国に追いつくと言い換えることができる。

『通商白書』（２０１４年）は、「我が国の市場が世界市場の中で相対的に小さくなる中、新興国展開の重要性はますます高まっている。新興国の需要の獲得は、我が国企業が世界で拡大する需要を捕捉して我が国に富を還流するため、また、我が国からの製品輸出・部素材調達を促進する基盤づくりのために必要である」とし、それを「新興国戦略」と名付けた。

たしかに、いずれの新興国・途上国の市場も魅力的に見える。メディアなどが、現地にいち早く進出することが将来のビジネスの成功を約束してくれるかのように報じることもある。

しかし実際には、多くの新興国・途上国は生産拠点を設けられるような環境が整っていない。まず新興国・途上国の消費市場が生産拠点の設置に見合うほどの規模にないことが多い。加えて、生産活動において必要な電力や水道、港湾、道路などのインフラが整備されていない場合も少なくない。さらにいえば、地場企業保護を目的に外資企業の進出に対して様々な規制を課していることや、必要な生産・営業活動を保障する法規などが未整備なケースも多々見うけられる。

これまでも１９９０年代にベトナム投資ブーム、２０００年代にはインド投資ブームがあった。このとき多くの日本企業は現地視察に乗りだしたが、その結論は「潜在力や将来性は評価するものの、実際の進出にはまだ早い」というものだった。ベトナムに関していえば、２０１０年代になって、ようやく中小企業の進出先としての環境が整い始めたが、インドについては中小企業の進出はいまだ困難である。この点を勘案すれば、最近メディアを賑わせているミャンマーへの日本企業の進出が本格化するには、まだ時間を要すると考えるべきである。

したがって新興国・途上国の市場開拓と確保には輸出が当面の主要戦略となる。

実際に新興国・途上国では消費市場の拡大に伴い輸入が急増している。２０００年の１兆４９３０億ドルから16年には６兆４１０億ドルと約４倍に増加し、これに伴い世界の輸入に占めるシェアは23％から38％に上昇した。

国・地域別にみると、中国の輸入が２０００年の２２５０億ドルから16年の１兆５９００億ドルと７倍以上に拡大している。これにより世界全体の輸入額における中国のシェアは３・４％から９・９％に上昇し、アメリカに次ぐ世界第２位の輸入大国になった。

中国ほどではないものの、ASEAN新興国・途上国（シンガポールを除く）の輸入も2460億ドルから7940億ドルと3倍強になっているし、その他の新興国・途上国も1兆2200億ドルから3兆6600億ドルと3倍も輸入額が増加している。

押される先進国

第1章でみたように、高所得層の厚いアメリカ市場でも、日本は新興国・途上国に押されつつある。こうした現状を考えると、たとえ新興国・途上国との間にFTA（自由貿易協定）が締結できたとしても、日本から輸出される製品は価格競争力で劣り、輸出増加につなげていくことは容易ではない。

日本とインドの関係を例に見てみよう。「日本・インド包括的経済連携協定」の下で2011年8月から「日本インドFTA」が発効しているが、インド向け輸出は12年の106億ドルから、16年の82億ドルへと減少している。

価格競争力を考慮すれば、今後は新興国・途上国同士の貿易が増えていくことになるだろう。実際、新興国・途上国同士の貿易は1995年の1660億ドルから、16年の2兆3740億ドルと、約20年間で14倍に増加している。その結果、世界貿易に占めるシェアも3％から15％に上昇してきた。

新興国・途上国からみると、輸入先としての先進国のシェアは95年には78％だったのが、16年には61％に低下している。逆に新興国・途上国からの輸入シェアは22％から39％に上昇している。新興国・途上国の主要な取引相手が、他の新興国・途上国となるのはそう遠い話ではない。

本書で繰り返し述べてきた通り、日本の輸出プレゼンスの低下は新興国・途上国経済の台頭という新しい貿易潮流に影響を受けたものであり、これに対抗するのは容易ではない。むしろこの潮流にあわせて、日本の輸出構造を対応させていくことが望ましい。

そう考えれば、コモディティ化した製品については、新興国・途上国にまたがるサプライチェーンに積極的に移管していくことを検討していくべきだろう。そして国内においては、優位にたっている非価格競争力（技術やデザイン）を持つ高付加価値の製品を開発、生産することに注力するのが肝要になる。

この点で日本企業にとってその最良のパートナーがＡＳＥＡＮだというのが、繰り返し述べている本書の主張である。

80年代の後半以降、ＡＳＥＡＮは日米欧という先進国向け輸出をテコに成長してきた。

図表4-1　ASEANの輸出先別比率

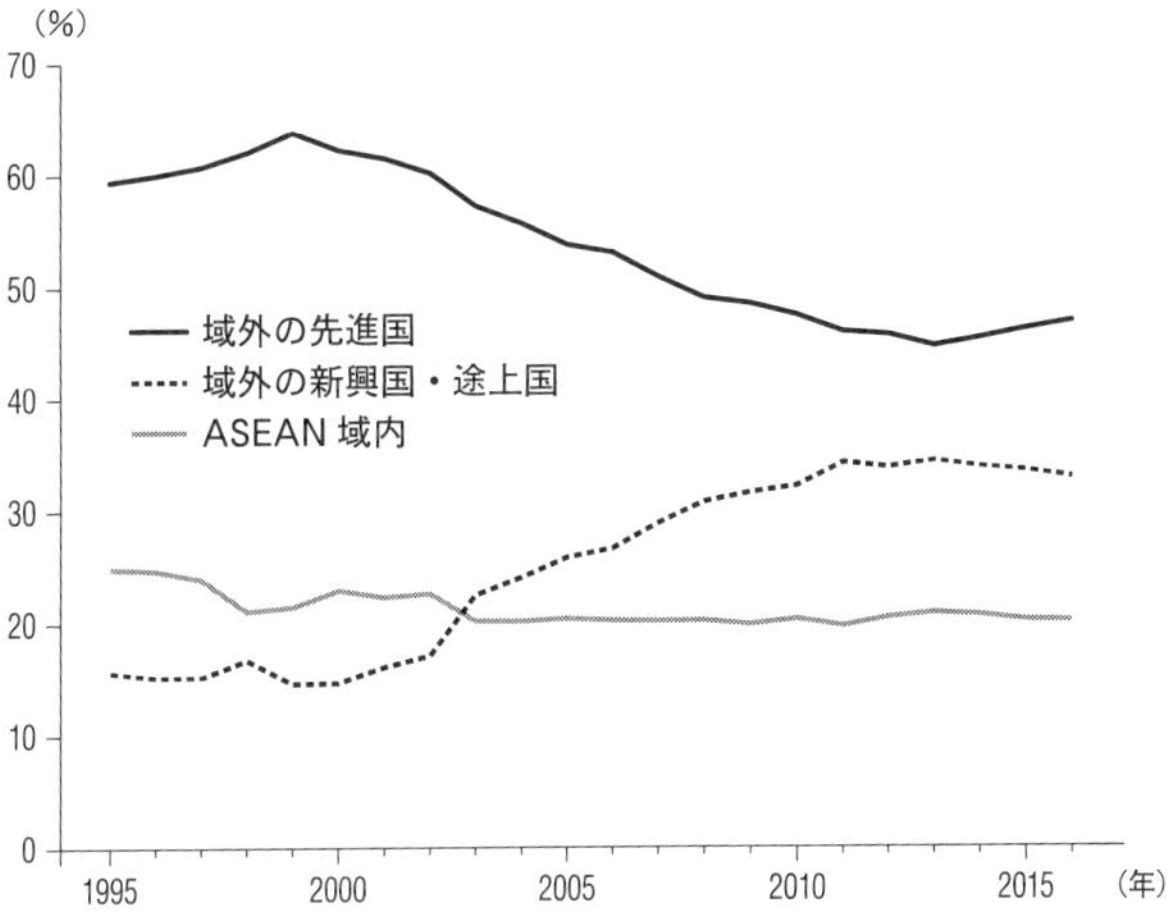

（出所）UNCTAD STATより作成

その過程で生産能力を高め、ASEAN域内での分業が進展していったことで、事実上の経済統合を実現してきたことはすでに述べた。今後もこの傾向は続くものと考えられるが、それはASEANの貿易が先進国向けとASEAN域内向けを伸ばしていくということではない。注目したいのはASEAN域外の新興国・途上国向けが増える傾向にあることである。

図表4-1は、ASEANの輸出先を「ASEAN域内」「域外の先進国」「域外の新興国・途上国」の３つに区分して、その比率の推移をみたものである。

ＡＳＥＡＮ域内向け輸出は、域内の経済統合が進んでいるものの、そのシェアはおよそ20％近辺で安定的に推移している。これに対して域外の先進国向け輸出のシェアは、90年代には60％を超えていたが、２０００年以降低下傾向をたどり、08年に50％を割り込み、16年には47％となっている。一方で域外の新興国・途上国向け輸出のシェアは２０００年の15％から16年には33％へと上昇しているのだ。

世界貿易において新興国・途上国同士の貿易取引が拡大していくことを考えると、ＡＳＥＡＮから域外の新興国・途上国に向けた輸出も拡大するとみてよいだろう。現時点でみると、輸出相手国としては中国が圧倒的で、16年時点で輸出全体の13％を占めている。これはＡＳＥＡＮ域外の新興国・途上国向け輸出の約４割に相当する。品目では電子電機製品の中間財が多く、これはＡＳＥＡＮと中国との分業が進展したという影響を受けている。のこる６割の域外の新興国・途上国向け輸出をみると、インドやアラブ首長国連邦、パナマ向けが多く、品目では資本財や最終財が多い。

もっとも、こうした特徴は固定的なものではなく、今後変わっていくに違いない。中国向けでいえば、同国の消費市場の拡大を受けて最終財の輸出も伸びていくだろうし、その他の新興国・途上国向けでは、相手国の工業化の進展に伴い、中間財の輸出が増える可能性がある。とくにインド向けは、同国の工業化の進展によりＡＳＥＡＮからの中間財や資本財の輸出が拡大する可能性が高い。

ここに日本企業がＡＳＥＡＮの集積地から新興国・途上国市場を狙うという戦略が浮上してくる。

日本発ＦＴＡにこだわらない

これまでＡＳＥＡＮは東アジア地域における交渉の「場」を提供することで、地域での存在感を示そうとしてきた。

実際、１９９７年12月の第１回ＡＳＥＡＮ＋３（日本、中国、韓国）首脳会議の開催を契機に、ＡＳＥＡＮを中心に東アジアのハイレベルな会合が行われるようになった。２００５年にはＡＳＥＡＮ＋３にインド、オーストラリア、ニュージーランドを加えたＡＳＥＡＮ＋６の枠組みが作られた。ほかにもＡＳＥＡＮ拡大外相会議や東アジアサミット（ＥＡＳ）、ＡＳＥＡＮ地域フォーラム（ＡＲＦ）などが開催されるようになった。こうした場で様々な地域問題が議論されるようになっている。

他方でＡＳＥＡＮは域外の国家との経済連携協定の締結にも積極的に取り組んできた。

すでに日本、韓国、中国、インド、オーストラリア・ニュージーランドとFTAを締結・発効している。13年には、これら6ヶ国とASEANをひとつに経済統合するRCEP（東アジア地域包括的経済連携）という枠組みを提示した。

このようにASEAN発のFTAを、日本企業は中国やインド向け輸出に活用することができる。経済のグローバル化が進み、サプライチェーンが海外で展開される今日、日本企業は日本発のFTAだけにこだわるべきではない。

日本から中国への輸出を促進するためには、現在、交渉が進んでいる、韓国を含めた日中韓FTAの締結・発効に期待したいところではある。これは03年から民間レベルでの日中韓FTA共同研究が始まり、12年5月に北京で開催された日中韓サミットで3国間FTA交渉を開始することで一致。17年4月に第12回の交渉会合を実施している。

しかし日中韓FTA締結・発効には、まだ時間を要すると考えるのが現実的である。

また、これまで日本が途上国と締結・発効してきた経済連携協定をみると、FTAにおける関税の撤廃・削減は日本が先にすすめ、相手国は5~10年の間、それを猶予するというスケジュールが通例となっている。とすれば日中韓FTAにおいても、韓国はともかく、中国との間の関税撤廃・削減のスケジュールでは、中国側の関税が大幅に撤廃・削減されるのは発効から5〜10年後になることも考えられるが、それでは遅すぎる。

ところが、ASEANと中国のFTAは、次の節でみるようにすでに発効している。これを活用して、ASEANの集積地から、中国市場の開拓・確保を目指すべきだ。

ASEANには中国市場が開かれている

ASEAN中国FTA（ACFTA）の交渉は2001年の中国ASEAN首脳会議における「10年以内にFTA創設を目指す」という共同発表からスタートした。

アジア経済の研究者、深沢淳一・助川成也の『ASEAN大市場《メガ》統合と日本』によれば、日本がシンガポールとのEPA交渉を本格化させたことに、中国政府が危機感を高めたことが関係しているという。

たしかに、その後の中国は恐るべきスピードでASEANに接近した。02年に「枠組み協定」を締結し、03年には地域の内政不干渉や紛争の平和的解決などを含む「東南アジア友好協力条約（TAC）」に署名した。04年1月からは、肉、魚、乳製品、野菜、果物などの農林水産品目の関税を撤廃した（アーリーハーベストと呼ばれる）。そして05年7月にACFTAが正式にスタートした。

図表 4-2　中国の輸入関税率（2018 年）

（品目数）

	一般	ASEAN
0%	722	8,062
5% 以下	1,460	291
5% 超 10% 以下	3,720	59
10% 超 20% 以下	2,030	16
20% 超 30% 以下	473	89
30% 超	104	30
その他	40	2
合計	8,549	8,549

（出所）中国財政部資料より作成

関税引き下げ品目は、対象品目となる「ノーマルトラック」と、例外品目となる「センシティブトラック」からなり、さらにセンシティブトラックは「センシティブ品目」と「高度センシティブ品目」に区分される。すでに「ノーマルトラック」については関税が撤廃されており、18年から「センシティブ品目」の関税率が0〜5%に引き下げられた。

その結果、世界第2位の消費市場である中国市場はASEANに最も開かれた状況になっている（**図表4−2**）。

仮に、ACFTAの枠組みが日本に適用されれば、日本から中国へ向けた輸出の90%以上が無税になる。もっとも日本からの輸出製品を、すべてASEANからの輸出に置き換えることはできない。技術面の問題だけでなく、ACFTAを利用するには、中国もしくはASEANで付加価値の40%以上が生産されたことを示す証明書（原産地証明書）が必要になるからである。また、ある品目に関して、中国が関税を撤廃していても、輸出国

（タイなど）が輸入の際に関税を課している場合、中国は関税撤廃を適用しないとする「互恵関税率（RTR）」という規定があることにも注意が必要である。

このような留意点はあるものの、ASEANや中国での現地調達率が上昇している現状を勘案すれば、中国向け輸出拠点としてASEANの集積地で何が生産できるかを検討してみることは重要である。

グラビティ効果

中国のASEANからの輸入は、２０００年の２２２億ドルから10年に１５５０億ドル、16年には１９６０億ドルに増加した。この額は日本からの１４６０億ドルを大幅に上回っている。それればかりか、16年時点で中国最大の輸入相手国である韓国からの１６９０億ドルをも上回っている。

では中国の省・市・自治区別にASEANからの輸入の特徴を考察しよう。

２０１６年の省・市・自治区の輸入総額を多い順にみると、広東省が最も多く４０３０億ドル、第２位が上海市の２９００億ドル、第３位が江蘇省の１５５０億ドル、第４位が山東省の１４００億ドル。以下、浙江省、遼寧省、北京市、福建省、河北省の順になっており、いずれも沿海部が多い。

他方、ASEANからの輸入についても、第1位が広東省で640億ドル、第2位が上海市で350億ドル、第3位が江蘇省の220億ドル、第4位が山東省の130億ドルと順位は右のものと変わらない。しかし第5位以下になると、福建省、浙江省、重慶市、広西チワン族自治区、雲南省と中国南東部が多いという特徴がある（8ページ地図参照）。

実は、東アジア各国のプレゼンスは、中国国内の地域によって大きく異なる。

日本からの輸入が金額ベースで最も多いのは広東省、上海市、江蘇省であるが、各省・市・自治区別の、日本からの輸入シェアをみると、最も高いのは寧夏回族自治区（27・6％）で、以下、湖北省（27・5％）、吉林省（24・7％）と、金額とはまったく異なった順位となる。

同様にASEANをみると、第1位が雲南省（73・1％）、第2位が重慶市（27・4％）、第3位が貴州省（25・1％）、第4位が広西チワン族自治区（23・9％）という順番になり、日本とは全く違うトレンドがあることがわかる。このことは雲南省や重慶市、貴州省、広西チワン族自治区の経済規模が大きくなるほど、ASEANの中国向け輸出は、増加する可能性が高いということを意味する。

中国の省・市・自治区がそれぞれどこの国・地域との結びつきが強いのかを考察することは、中国の市場を輸出で攻める上では重要な視点と考える。

このような結びつきの強弱は、地理的距離に影響を受けている。

現在は、いずれの国も世界中から多様な品目を調達できる時代である。どこでも同時に生産できる品目が増えたため、貿易取引は地理的距離の近い場所が優先される傾向にある。貿易の緊密性に地理的距離を要素に入れた考え方に「グラビティ効果（重力効果）」と呼ばれるものがある。これは、ある2国間の貿易規模は、両国のGDPの積に比例して増加し、距離に反比例して減少するという考え方である。

つまり距離が近いほど貿易量は増え、その規模は互いの経済規模（供給能力と需要能力）が大きいほど増加する。輸送コストや取引コスト（地理的に近いほど直接的な交渉が容易）が距離に関係することは容易に理解できるだろう。ASEAN諸国が中国の南東部との結合度が高いことは、このグラビティ効果が効いていると考えてよい。

また、地理的距離が遠いにもかかわらず貿易関係が強い品目は競争力が高いと判断することができる。競争力のある製品は距離が遠くても売れるからだ。これまで先進国の製品が、地理的距離の遠い新興国・途上国においても高いシェアを占めていたのは、それが先進国でしか作ることができなかったからである。

ＡＳＥＡＮと中国の貿易関係の深化は、ＡＣＦＴＡの効果よりもグラビティ効果に注目した方がよいかもしれない。すくなくとも中国の南東部への輸出に関しては、生産コストが低いことだけでなく、距離が近いのでグラビティ効果が生かせるという観点で、ＡＳＥＡＮの集積地が持つメリットを考慮するべきである。もっともグラビティ効果はＡＳＥＡＮの輸出を拡大させる方だけに働くわけではなく、中国からＡＳＥＡＮへの輸出が増えるようにも作用する。実際、ベトナムやフィリピンでは安価な中国製品が大量に流入し、両国の中小企業に多大なダメージを及ぼしているのである。

眠れる巨大市場インドを狙う

インド市場もＡＳＥＡＮから狙うという戦略が重要である。

インドの名目ＧＤＰは２０００年の４７７０億ドルから、16年には2兆２６４０億ドルへと約5倍に増加した。これにともない世界経済に占めるシェアも１・４％から３・０％に上昇した。この間の実質ＧＤＰ成長率は年平均７・１％と高水準にある。

国際協力銀行のアンケートによると、中期的に有望な国としてインドに対する日本企業の関心は高く、16年度に第1位になった（17年度は第2位）。ただし、回答企業の90％近くが市場の成長性を理由にあげるなど、現状よりも将来性に高い評価を下しているのが特徴である。

人口が10億人を超えるインドは、市場としても魅力的であるとメディアは取り上げているが、名目ＧＤＰの規模はまだ日本の半分にも満たず、１人当たりＧＤＰも１８００ドルにすぎない。

もっともインドについても中国や他の新興国・途上国と同様に、国レベルの統計に惑わされてはならない。インドは地域別データを公表していないものの、他国と同様に大都市を中心として高所得層が現れていることは十分考えられる。たとえば、乗用車の販売台数は05年の１４０万台から17年は４００万台に急増している。

日本からインドへの製造業の直接投資額は、05年の３９０億円から16年には２８０７億円に増加している。しかしインドへの進出が本格化すればするほど、インフラの未整備、土地や労働に関する厳しい規制など、実務上の課題が浮き彫りになってきた。また、インドでは州を越える物流には関税のような手数料が必要となるなど、国内ロジスティックにも問題がある。

このような点を考えれば、インド市場は、しばらくは輸出によって開拓することになろう。

インドの輸入額は経済規模の拡大に伴って2000年の529億ドルから10年には3500億ドル、13年に4700億ドルへと増加した（16年は3600億ドルに減少）。輸入の相手国・地域をみると、新興国・途上国の比率が2000年の41％から16年は62％に上昇している。なかでも中国のプレゼンスが高く、16年の輸入額は616億ドルと全体の17％を占めている。

これに対して、日本からの輸出は減少していることはすでに述べた。

他方、ASEANのインド向け輸出は05年の169億ドルから16年には391億ドルと約2・5倍となった。

ASEANとインドとのFTAは10年から発効しているが、このFTAはインド政府のイニシアティブによって進展した。02年にバジパイ首相（当時）が「10年以内にASEANとFTAを完成させる」と発言したのを受けて、交渉は加速したという。

しかし中国とASEANとのFTAが一気に進んだのとは対照的に、ASEANインドFTAの進みは遅い。これは中国とインドの工業化の発展段階の違いに起因する。インド政府は中国がASEANへ急接近したのに触発されて、状況をよく把握せずにASEANとのFTAを急いだのかもしれない。しかしインドでは中国ほどに工業化が進んでおらず、その結果、インドとASEANの貿易はインド側の圧倒的な赤字となった。16年は133億ドルの赤字である。ASEANからの輸出には日本企業をはじめ外国企業の存在があったことをインド政府は軽視したのであろう。

このことがその後のASEANとインドとのFTAの進展を鈍らせる原因になったと考えられる。

それでもASEANインドFTAは、16年からセンシティブ品目を含めて関税引き下げの範囲が急速に拡大している。この関税削減が計画通り進んでいくのか注意する必要があるものの、ASEANの集積地からインドを狙うという戦略は、このFTAの活用を含めて検討すべきである。

インドの、ASEANからの輸入品目をみると、中国と比べて工業製品の割合が少ない。これはASEANとの間で分業体制が形成されていないことに起因する。しかし今後、インドの工業化の進展にあわせて、ASEANのサプライチェーンがインドにも拡大する可能性が高い。とくに部品についてもASEANの生産拠点からの輸出によって、市場開拓と確保に注力すべきである。

イスラム市場を狙う

最後に中国とASEAN以外の新興国・途上国として、イスラム諸国市場について考えてみたい。

ここではイスラム諸国市場を、イスラム協力機構加盟国（57ヶ国）のうち、インドネシア、マレーシア、ブルネイを差し引いた54ヶ国の市場とする。

イスラム諸国市場の名目GDPは、2000年の1兆6800億ドルから16年には5兆1100億ドルに増加した。この規模は世界の約7％で、中国の約半分に相当する。また同地域の輸入は同じ期間に2920億ドルから1兆2350億ドルに増加した。

日本からの輸入は2000年の150億ドルから、16年には370億ドルに増加しているものの、シェアでみれば5・1％から3・0％に低下しており、イスラム市場に参入できているとはいえない。他方、中国からの輸入は同期間に120億ドルから1900億ドルと16倍近く増加し、シェアは4・3％から15・4％に上昇した。じつはASEANも苦戦をしている。ASEANからの輸入は150億ドルから620億ドルと4倍強に拡大しているものの、シェアでみれば５％でほとんど変わらない。

ＡＳＥＡＮのなかではインドネシア、マレーシア、ブルネイにイスラム教徒が多い。イスラム諸国との親和性が高いことや輸送コストを考えると、中国よりも有利な地理的位置にあることから、ＡＳＥＡＮからイスラム諸国市場を狙うというのは今後の課題となる。

なかでも注目されるものとしてハラル市場がある。

ハラルとは、アラビア語で「合法」という意味であり、ハラル食品といえば、イスラム教の教えに準じて製造された食品を意味する。イスラム教では原材料はもちろん製造過程でも豚肉やアルコールの使用が禁じられている。そのため製造過程は認証（ハラル認証）を受ける必要がある。これは食品だけでなく、薬品や化粧品なども対象だ。また最終財だけでなく、その生産・加工、物流過程も認証が必要となっている。

実際にマレーシアやインドネシアで、すでに日本企業はそれに応じた生産活動を行っている。日系食品会社のなかには、この生産拠点からサウジアラビアやバングラデシュに輸出している企業がある。外資系食品メーカー（ケロッグ、ネスレ、ハーシー）もマレーシアの生産拠点からハラル認証の食品（ポテトチップ、チョコレート）を輸出しているケースがある。

この意味では、今後イスラム市場を狙う上で「海のＡＳＥＡＮ」といわれるマレーシア、インドネシア、シンガポールが生産や輸出の拠点となる可能性は高い。

ひとつになるASEAN

このようにＡＳＥＡＮの集積地は新興国・途上国を開拓するための適地である。しかし実際に中国などに対抗するためには、サプライチェーンの造り込みが、もう一段、必要となるわけだが、その追い風が吹いている。それはＡＳＥＡＮがひとつになろうとしていることである。

２０１５年末、ＡＳＥＡＮ共同体が発足した。

ＡＳＥＡＮ共同体は、①政治・安全保障共同体、②社会・文化共同体、③経済共同体の三つの共同体から構成される。なかでもＡＳＥＡＮ経済共同体（ＡＥＣ）は、日本企業に新しいビジネスチャンスを提供するものとして期待される。

そもそも地域協力組織として発足したＡＳＥＡＮの当初の目的は、国内の治安維持を図るために、近隣諸国との宥和的な関係を維持することにあった。１９７６年の第１回首脳会議で発表された「ＡＳＥＡＮ協和宣言」では、域内経済協力が強調されていたものの、実際には旧ソ連や中国からの支援を受けてきたベトナム、カンボジア、ラオス、ミャンマーのインドシナ社会主義国の勢力に対抗することも目的としていた。

しかし冷戦終焉と旧ソ連の崩壊を受けて、東南アジアの勢力地図は大きく変化した。カンボジアは社会主義体制を放棄し、ベトナムやラオスは社会主義体制を維持するものの、経済システムを計画経済から市場経済へと移行させた。ミャンマーは軍政と管理経済体制は手放さなかったものの、海外に門戸を大きく開放した。

90年代後半には、ASEAN諸国にとって、これらの国が脅威ではなくなり、双方で経済関係を強化することのメリットが認識されるようになったのである。

そして、ベトナムは95年に、ラオスとミャンマーは97年に、カンボジアは99年にASEANに加盟した（次ページ**図表4―3**）。

ASEANにおいて域内経済協力が本格化したのは、92年にASEAN自由貿易地域（AFTA）の創設を目標に掲げてからのことである。

当初は、AFTAの実現については懐疑的な見方が主流であったが、段階的に関税率引き下げを実施し、計画よりも5年早い2010年に、先発ASEAN6ヶ国間で関税が原則撤廃され、後発ASEANの関税率も15年、大幅に引き下げられ、18年には域内全体で

図表 4-3　ASEAN 加盟国の加盟年月日、人口、経済規模

	加盟年月日	人口（100 万人）	経済規模（10 億ドル）	1 人当たり GDP（ドル）	農業部門 GDP 比率（%）	都市化率（%）
先発 ASEAN		469.5	2,249.3			
ブルネイ	1984 年 1 月 8 日	0.4	11.4	28,500	1.2	77.5
シンガポール	1967 年 8 月 8 日	5.6	297.0	53,036	—	100.0
マレーシア	1967 年 8 月 8 日	31.6	296.5	9,383	8.6	75.4
タイ	1967 年 8 月 8 日	69.0	407.1	5,900	8.3	51.5
インドネシア	1967 年 8 月 8 日	258.7	932.4	3,604	13.5	54.5
フィリピン	1967 年 8 月 8 日	104.2	304.9	2,926	9.7	44.3
後発 ASEAN		167.4	301.7			
ベトナム	1995 年 7 月 28 日	92.7	201.3	2,172	18.5	34.2
ラオス	1997 年 7 月 23 日	6.6	15.8	2,394	19.5	39.7
ミャンマー	1997 年 7 月 23 日	52.3	64.4	1,231	28.2	34.7
カンボジア	1999 年 4 月 30 日	15.8	20.2	1,278	26.7	20.9

（注）データは 2016 年、ラオスの農業部門 GDP 比率は 2010 年
（出所）ADB, *Key Indicators*. IMF, *World Economic Outlook, October 2017* より作成

関税は原則撤廃された。いつの間にかＡＳＥＡＮは東アジアにおいて自由貿易をリードする存在になっている。

この背景には、中国経済に対抗するためにＡＳＥＡＮはひとつになるべきだ、という危機感があった。しかし中国との関係は共栄関係に移行し、中国との間のＦＴＡも新しい段階に入っていることは前章で述べた通りである。

また経済共同体といえども課題は多い。具体的な達成項目をあげた「ＡＳＥＡＮ経済共同体ブループリント」にも未達の項目が少なくない。物品の自由化は順調に展開してきたものの、非関税障壁の撤廃やサービス貿易の自由化、熟練労働者の移動の自由化などは遅れているのが現状である。ＡＳＥＡＮ共同体は、いまも形成過程にあると考えた方がいい。

所得格差の違いを活かす

ＡＳＥＡＮにおいて物品の自由化以外の統合がなかなか進まない理由の一つは、加盟国の所得水準や発展の段階が大きく異なる点にある。

図表4-3にはＡＳＥＡＮ加盟国の加盟年月日、人口、経済規模、１人当たりＧＤＰ、農業部門のＧＤＰ比率、都市化率を整理しておいたが、１人当たりＧＤＰをみると、５万

ドルを超えるシンガポールからようやく１０００ドルを超えたミャンマー、カンボジアまで所得格差は大きい。また先発ＡＳＥＡＮと後発ＡＳＥＡＮの発展段階の違いは農業部門のＧＤＰ比率や都市化率からも垣間見ることができる。

このような状況で広範囲な自由化を進めるのは現実的ではない。

もっともＡＳＥＡＮ各国はこの点を十分に理解している。ＡＳＥＡＮ経済共同体はＥＵのように通貨統合を予定していないし、人や資本の移動やサービス分野の自由化についても多くの規制を残したままである。できるところから徐々に自由化を進めていく。これは「ＡＳＥＡＮウェイ（ＡＳＥＡＮ流のやり方）」とも呼ばれる。いずれにしろ、ＥＵのような真の共同体になることは当面考えていない。

ただ、ここで注意すべきなのは、このような所得格差や発展段階の違いが、経済統合の阻害要因になっているわけではない点だ。むしろ経済統合の促進要因になる可能性に目を向けるべきである。なぜならＡＳＥＡＮという地理的に密接した領域内に、このような所得水準や発展段階の異なる国が存在することで、それぞれが独自の特色を生かせば、新しい分業体制、サプライチェーンを構築できるからである。

振り返れば、東アジア地域における経済発展は、日本、ＮＩＥｓ、先発ＡＳＥＡＮ、そして中国といった国やグループとの間の所得水準や、発展段階の違いを利用した分業体制のなかで実現したのだ。同じことがＡＳＥＡＮ域内で再現できるのである。

とくに、カンボジア、ラオス、ミャンマーという低所得国が成長軌道に乗ってきたことがその可能性を押し広げている。

これら3ヶ国の年平均成長率（2000〜16年）は、カンボジアが7・0％、ラオスが7・7％、ミャンマーが6・8％と、いずれも高い。この水準は低所得国の平均成長率の5・4％だけでなく、中所得国の平均成長率の5・9％も大幅に上回っている。

この3ヶ国の高成長が海外からの直接投資に支えられていることは明らかである。

直接投資受入額（累計額）を2000〜09年、10〜16年の2つの期間に区分してみると、カンボジアが42億ドルから118億ドル、ラオスが10億ドルから40億ドル、ミャンマーが41億ドルから148億ドルといずれも急増している。

そして外国直接投資の増加に伴って輸出も急速に拡大している。

カンボジアの輸出は10年の51億ドルから16年には101億ドル、ラオスは17億ドルから34億ドル、ミャンマーは87億ドルから112億ドルに増加した。つまり3ヶ国は世界経済へのコミットメントを強めながら成長し始めているのである。

これは3ヶ国政府が外国投資受け入れ体制を整備してきた結果でもある。いずれの国も進出する外国企業に対して、一定期間の法人税免除や原材料や機械・設備などの輸入税免除といった優遇措置をとっている。また工業団地を建設するなど、インフラ整備を支援してきた。その結果、カンボジア、ラオス、ミャンマーは「最後のニューフロンティア」として日本企業に注目されるようになったのである。

進むメコン地域開発

カンボジア、ラオス、ミャンマーの経済発展の基盤整備には国際社会からの支援が大きく貢献している。なかでもアジア開発銀行が事務局となって推進してきた「大メコン圏（GMS：Greater Mekong Sub-region）開発プロジェクト」が果たした役割は重要である。

GMS開発プロジェクトはタイ、ベトナム、カンボジア、ラオス、ミャンマーと、中国の雲南省と広西チワン族自治区を対象とする地域開発で、1992年にスタートした。

この開発プロジェクトのユニークな点は、具体的なプロジェクトには少なくとも2ヶ国が関与することを義務付けた点である。国ごとの発展を支援するのではなく、連結性を重視し、地域としての発展を目指したのである。

図表4-4　大メコン圏開発プロジェクトと タイプラスワン

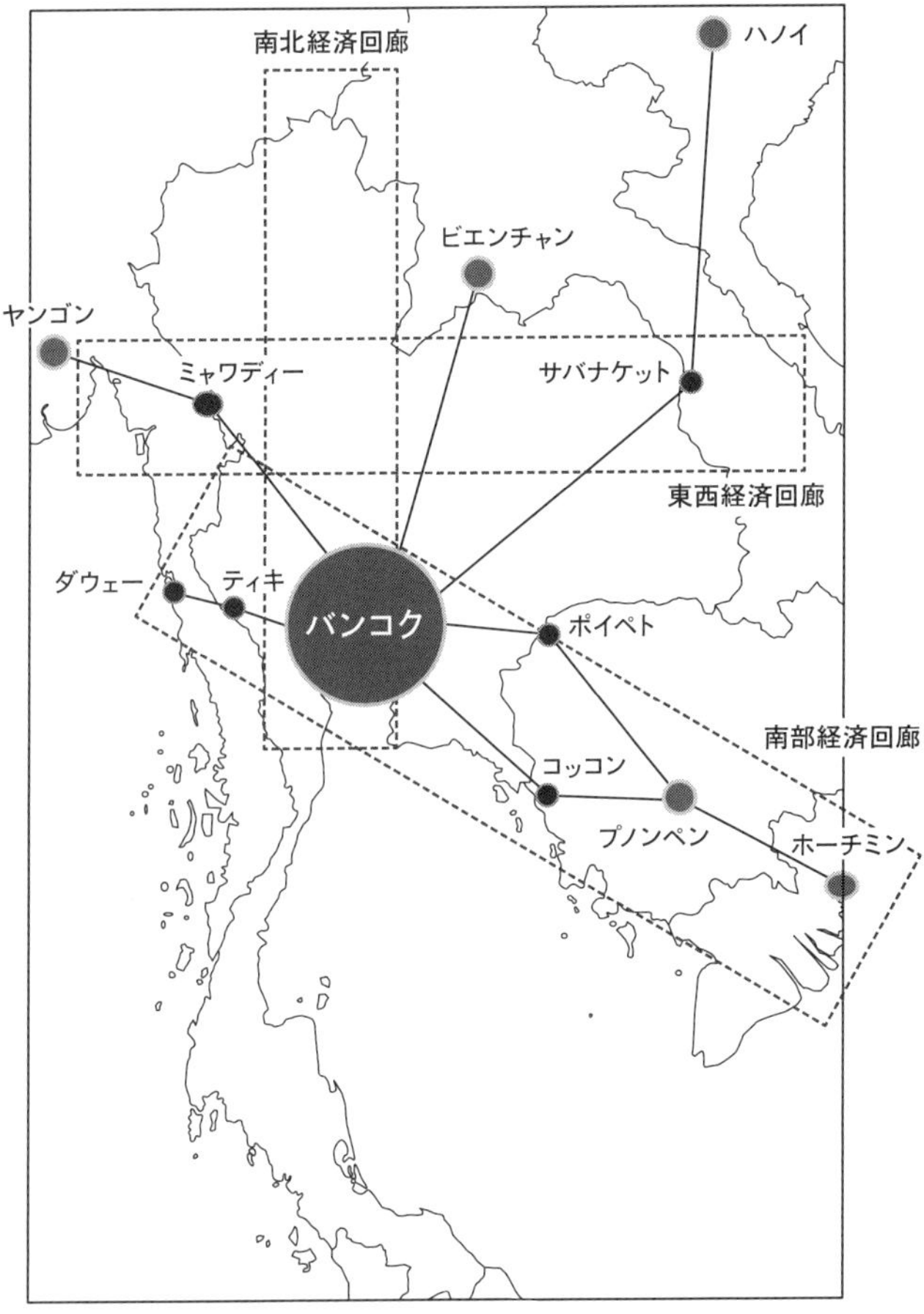

（出所）筆者作成

また、アジア開発銀行はもっぱら事務局に徹しており、各国の自主性（オーナーシップ）を重んじている点も特徴である。具体的なプロジェクトは、首脳会議を頂点に、閣僚会議、高級レベル会議、フォーラム・ワーキンググループで議論されている。

その活動領域は、道路、空港、鉄道などの輸送インフラの改修・建設から電力供給、農業、観光、通信、人材育成、環境保護などと多岐にわたっている。その中心は道路整備で、なかでも、南北経済回廊（中国雲南省からタイ・バンコク：2000キロ）、東西経済回廊（ベトナム・ダナンからミャンマー・モーラミャイン：1500キロ）、南部経済回廊（ベトナム・ホーチミンからタイ・バンコク：900キロ）が整備された。これにより域内の輸送コストが急速に低下した（前ページ**図表4－4**）。

このGMS開発プロジェクトは2013年から第3フェーズに入っている。アジア開発銀行「GMS地域投資枠組み2022（GMS Regional Investment Framework 2022）」（2017年）によれば、22年までに総額635億ドルのうち535億ドル（84％）が道路を含む輸送部門インフラの整備に振り分けられる計画である。

計画通り進めばインドシナ半島がいくつもの幹線道路によって結ばれることになる。これによって、モノ、ヒト、情報の流れが促進されることは間違いない。実際、15年4月にカンボジアのつばさ橋（メコン河を横断）が完成したことで、ベトナムのホーチミン、カンボジアのプノンペン、タイのバンコクという三大都市が陸路で結ばれた。これによって、南部経済回廊が広域メガリージョンへと発展する可能性が一気に高まっているのである。

わが国も09年から毎年開催される「日本・メコン地域諸国首脳会議」で同地域の支援を検討・実施してきた。12年4月には「つながる、ひろがる、メコンの和（A connected Mekong for a better world）」をキャッチフレーズとする「東京戦略2012」（15年までの協力指針）を採択し、6000億円を超えるODA（政府開発援助）を供与してきた。これは先に述べたカンボジアのつばさ橋のほかに、ラオスの国道9号線（東西経済回廊）、ビエンチャン国際空港、ベトナム・ノイバイ空港の整備などに割り当てられてきた。

そして15年7月に開催された第7回日・メコン地域諸国首脳会議で、「新東京戦略2015」を採択した。このなかで日本政府は、メコン地域の地政学的な重要性と成長潜在力の高さを認識し、同地域が「質の高い成長」を実現するための支援を行うと宣言した。

外務省が発表している「日・メコン協力のための新東京戦略2015」（仮訳）には、「周辺国と一緒になったメコン地域の発展に向け、『メコン産業開発ビジョン』及び経済特別区（SEZ）を通じ、メコン各国のそれぞれ独自の強みと競争力、及び〝特化と連携〟

のコンセプトの下での相互補完性を反映させ、産業構造を高度化し域内バリューチェーンを強化する」と記されている。

そして日本政府は16年に「日・メコン連結性イニシアティブ」を立ち上げた。これは物理的な連結性の強化に加えて、制度的・人的連結性の強化を通じてメコン地域の「生きた連結」を強化することを目指すものである。このような体制の下に16年から18年の3年間に7500億円のODAを拠出することを決め、17年時点でその3分の2を実施している。具体的にはカンボジアのシアヌークビル港、ミャンマーのヤンゴン・マンダレー鉄道、タイの高速鉄道などのインフラ整備に充てられている。

中国政府もメコン地域開発に積極的に乗り出している。

これは「一帯一路構想（one belt one road initiative）」に含まれるものである。

一帯一路構想とは、14年にAPEC（アジア太平洋経済協力）首脳会議で習近平国家主席が公表した対外経済戦略のひとつで、中国から中央アジア、ヨーロッパの陸路を一帯とし、中国から東南アジア、インド、中東、アフリカ東部沿岸を一路とし、インフラ整備と貿易を促進するという構想である。とくに発展の遅れた内陸の開発を近隣諸国との連携強化によって行うことも意図している。

15年には重視する6つのロードのひとつとしてメコン地域をあげた。これはASEANと隣接する省としては雲南省と広西チワン族自治区の開発に資するものであり、両者は、前に述べたGMS開発プロジェクトのメンバーである。インフラ開発について中国政府は、雲南省からラオス、そしてタイに至る鉄道開発に熱心である。ラオス国内を縦断する鉄道建設はすでに始まっており、20年の完成を目指している。これをバンコクまでつなげる鉄道についても17年末に着工した。この鉄道網はマレーシア、シンガポールにまで伸びる。他方、この鉄道をミャンマーからバングラデシュ、インドと連結させることも視野に入れている。

ASEAN諸国は、こうした一帯一路構想を好意的に受け入れており、実際にタイ政府は国家計画のなかで一帯一路の活用を明言している。これまで一帯一路への協力に消極的だった日本政府・企業も積極的に活用する方向へと動き始めた。

このようにカンボジア、ラオス、ミャンマーの経済が成長軌道に乗り、様々なドナーによって交通網が整備され、地域が連結されていく現状を踏まえれば、日本企業の最大の集積地であるバンコクの生産拠点はその利点を積極的に活用すべきである。それがASEAN経済共同体時代の新しいサプライチェーンのひとつであり、次に述べる「タイプラスワン」とよべるビジネスモデルにつながる。

「タイプラスワン」モデル

本書でいう「タイプラスワン」とは、タイの集積地を中心としたサプライチェーンの拡張のことである。似た言葉に「チャイナプラスワン」があるが、これと比べると、その特徴が明らかにできる。

チャイナプラスワンとは「中国の政治リスクや投資リスクなどを勘案して、生産拠点を中国から別の国・地域に移転する」、あるいは「中国国内の生産拠点を拡大するのではなく、同じ生産拠点を別の国・地域に設置する」ことをいう。

これに対してタイプラスワンは「タイにある集積地をそのままにしながら、その生産拠点にある労働コストにかかる工程だけを賃金水準のまだ低い周辺国に移転する」というビジネスモデルである。

もちろんタイの生産拠点のなかにも、賃金上昇などを理由に工場のすべてをミャンマーやバングラデシュに移転する動きがある。しかし、すでにみたように、日本企業はタイのバンコク周辺に世界に類をみない集積地を形成しており、1000人以上の従業員がいる企業も少なくない。この集積地自体を他の地域に移転することは相当のコストとリスクをともない、容易ではないのである。2011年に起こった洪水の被害が甚大であったにもかかわらず、多くの企業がタイにとどまったのは、その証左である。

つまりタイプラスワンとは、タイで巨大な集積地を持つ日本企業に特有のビジネスモデルといってよい。「労働コストのかさむ工程だけを切り分け、近隣諸国に移す」ということは工程間分業の拡張であり、タイプラスワンは、タイにある集積地の競争力強化策のひとつと言い換えてもよい。

図表4―4（157ページ）が示すように、バンコクを中心にミャンマーのヤンゴン、カンボジアのプノンペン、ベトナムのホーチミン、ラオスのビエンチャンが、タイプラスワンに相当するサプライチェーンの拡張先になる。JETRO「第26回アジア・オセアニア主要都市・地域の投資関連コスト比較」（2016年）によれば、16年のワーカー（一般工職）の月当たり賃金水準は、バンコク（タイ）が348ドルであるのに対し、ビエンチャン（ラオス）は179ドル、プノンペン（カンボジア）は162ドル、ヤンゴン（ミャンマー）は127ドルと、タイの半分以下の水準である。

タイプラスワンはタイの地理的な優位性を活かせる点にも特徴がある。

これも中国の場合と比較すれば明解である。上海市の生産拠点で賃金が上昇し、労働集約的な工程を移転する必要が出てきたとしよう。企業はより安い賃金を求めて内陸部へと生産拠点を移転しようとする。しかしワーカーの賃金は、上海市の477ドルに対して、たとえば内陸の武漢市は402ドルと2割程度しか低下しない。これは両地域が同一国内にあるからだ。これに対してタイの場合はバンコクから車で半日の距離に国境があり、国境を越えれば、2分の1の賃金水準の労働力を活用できる。

一般的にいうと、低所得国へ生産拠点を移転する際には、その国のさまざまなインフラ整備の遅れが阻害要因になる。とくにサプライチェーンの形成には移転先の国の道路整備を含めた物流インフラの整備を待たなければならない。

これに対しタイプラスワンの利点は、当面の担い手として国境の工業団地が活用できるという点にある。国境に位置する工業団地であれば、使用するのは整備されたタイの道路だけであり、移転先国の道路整備が進むのを待つ必要はない。またタイの生産拠点から国境の工場へ材料を送り、加工した後、タイの生産拠点に送り返す、という分業の場合には、物流における空荷（一方通行）のリスクも発生しない。このようなことから国境沿いにあるカンボジアのコッコンやポイペト、ラオスのサバナケットといった街に日本の企業が進出、操業を始めている。

また、いずれの地域も南部経済回廊、東西経済回廊に位置しており、先に示したGMS開発プロジェクトによって道路整備がさらに進めば、国境以外の地域もタイプラスワンの新たな候補地となる。そして、最終的にはラオスのビエンチャン、カンボジアのプノンペン、ミャンマーのヤンゴンなどの大都市がタイプラスワンのパートナーとして力を発揮することになるだろう。

タイプラスワンは、タイとラオス、カンボジアとの間で始まった新しいビジネスモデルで、ミャンマーはまだ参入していない。今後、ミャンマーが本格的に参入すれば、タイプラスワンの利点は向上すると考えられる。

ミャンマー参入の最大の魅力は、その人口規模だ。ラオスとカンボジアは人口規模が小さいため、タイプラスワンの受け皿として十分とはいえない。労働集約的な工程の担い手となる若年人口（15～29歳）は、15年にタイが1300万人であるのに対して、ラオスは210万人、カンボジアは450万人にすぎない。とくに国境地域において、外資企業の進出が加速すれば賃金が上昇するだけでなく、労働力の確保そのものが困難になることが考えられる。

これに対し、ミャンマーは総人口5230万人とラオスの660万人、カンボジアの1580万人と比較して多い。とくに15〜29歳のミャンマーの若年人口はタイを上回る1390万人であり、この若年人口の多くが現在は農業に従事していることを考えると、ミャンマーがタイプラスワンの労働力の供給地として高い潜在力を有していることがわかる。

これまでは道路の整備が進んでいなかったため、タイ国境の街メソットからミャンマーの主要都市ヤンゴンまで車で3日を要したが、タイ政府の支援による道路整備によって1日程度に短縮された。まだタイとミャンマーの国境を結ぶ橋の許容量が低いため、大型トラックは通ることができないが、バンコクからヤンゴンへの輸送が海路ではなく、陸路で可能になれば、タイプラスワンのビジネスモデルは加速することが期待される。

EPAのもうひとつの役割

このようなASEANにおける集積地を中心とするサプライチェーンを強化する上でも、EPAは威力を発揮することを見逃すべきではない。EPAとは前述の通り、関税の撤廃や非関税障壁の廃止だけでなく、投資規制の撤廃・緩和、知的財産権の保護などを視野に

図表4-5　経済連携協定（EPA）の特徴

EPA

FTA
- 物品の関税の撤廃・関税率の引き下げ
- サービス貿易に関わる障壁などの撤廃・緩和

＋

- 投資規制の撤廃・緩和
- 人の移動に関する規制の緩和
- 産業育成などに関わる協力
- 知的財産権の保護
- ビジネス環境の整備
- その他

（出所）経済産業省、外務省資料より作成

入れた包括的な協定である（**図表4－5**）。

実際のところ、ＥＰＡは日本企業の活動を円滑化することを重視して設計されている。サービス業の進出が増えれば、製造業の生産拠点の生産性もさらに向上させることができる。新興国・途上国にまたがったサプライチェーンの生産性を向上させるためにも、ＥＰＡは利用されるべきだ。

またＥＰＡに基づいて開催される「ビジネス環境整備小委員会」を通じて投資環境の改善も期待できる。この委員会では現地での日本企業が直面する問題について現地政府と協議することができるからである。これまでもマレーシア政府との間で、電力不足に対する予算措置や、日本企業の外国人雇用に対する緊急措置が実現するなど、成果をあげている。

サプライチェーンは一朝一夕で形成できるものではない。長い時間と巨額の資本が必要である。変化の速い現代においては、その形成にかける時間もなく、コストもできるだけ抑制しなければならない。その際に肝要なのは、既存のサプライチェーンの活用であり、東アジアに広がるサプライチェーン、なかでもＡＳＥＡＮ域内に広がりつつあるサプライチェーンの活用と深化がカギになる。

２０１５年のＡＳＥＡＮ経済共同体の発足を契機に、日本はＡＳＥＡＮとの連携を強化して、その集積地をこれまでのように先進国向けだけではなく、今後、市場拡大が見込まれる新興国・途上国向けサプライチェーンにも活用していくべきである。

タイランド4・0

ここまで述べてきたタイプラスワンは、タイの生産拠点における労働力不足と賃金上昇を背景に生まれたビジネスモデルである。ＪＥＴＲＯ「在アジア・オセアニア日系企業実態調査」（２０１４年）によれば、２０１４年のタイにおける経営上最大の問題点は第１位が「従業員の賃金上昇」で、回答の70・２％を占めた。

タイの失業率は1998年には4％台だったが、その後はほぼ一貫して低下し、10年以降は1％未満と低水準にある。これまでタイの失業率は農閑期に高くなり、農繁期に低くなるという季節性があったが、現在はなくなった。これは農村に出稼ぎを送り出す余剰労働力がなくなったということである。

現在はタイ国内の労働力不足を補うために近隣諸国からの労働者の流入が加速している。当初は非熟練労働者の受け入れに消極的だったタイ政府も背に腹はかえられず、現在ではミャンマー、ラオス、カンボジアからの労働者を、登録を条件に受け入れる体制を取るようになっている。

ところが日本企業は原則、外国人非熟練労働者を雇用することができない。加えて、タイで少子化が進んでいることを勘案すれば、タイプラスワンを含めてタイの生産拠点の高度化を進める時期に来ている。ちなみにタイの合計特殊出生率（女性が生涯に出産する子供の数）は、15年が1・5と、わが国の1・45とほとんど変わらない。

そうした状況を踏まえると、前述のようにタイ政府が「タイランド4・0」という新しいビジョンを提示して経済社会のデジタル化に乗り出したことは、日本の生産拠点の生産性引き上げのチャンスである。

図表4-6　タイランド4.0

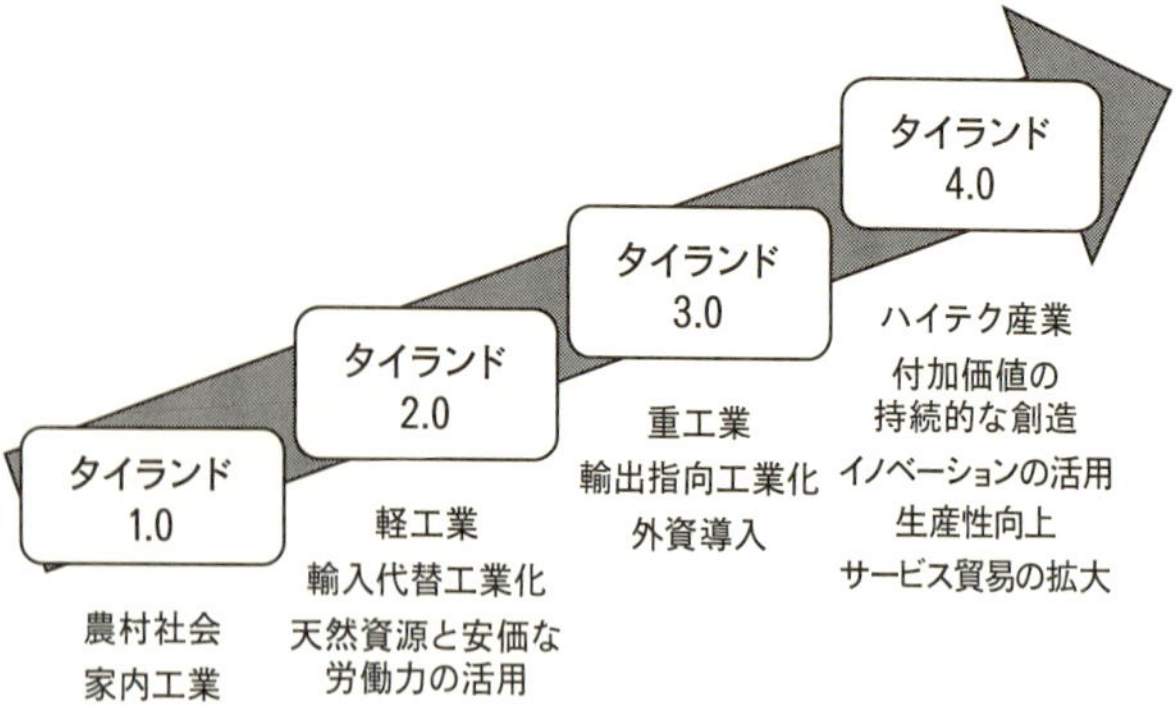

（出所）タイ政府資料を基に作成

この「タイランド4・0」が提示されたのは16年のことだ。ドイツの「インダストリー4・0」に影響を受けたもので、経済社会や産業のデジタル化を進めることで、生産性を高め、先進国入りを果たすというビジョンである。

ここでいう4・0とは、これまでのタイの経済社会発展と今後、目指すべき経済社会を区分したものである（**図表4-6**）。第一段階（1・0）は、「農村社会」「家内工業」が中心となった経済社会を指す。おおかた戦前のタイがこれに相当すると考えてよい。第二段階（2・0）は「軽工業」「輸入代替工業化」「天然資源と安価な労働力」をキーワードとする経済社会で、コメ、天然ゴム、チーク材を輸出し、繊維・衣服などの労働集約的な産業が立ち上がった戦後からおよそ80年代までがこれに相当する。そして第三段階（３・０）は、その後、外国企業の進出の本格化を背景に「重工業」「輸出指向工業化」「外資導入」が経済成長を牽引した経済社会である。

そして、今後20年間をかけてタイが目指す経済社会が、第四段階の４・０である。目指す経済社会は「ハイテク産業」「イノベーション」「生産性」「サービス貿易」をキーワードとするもので、付加価値を持続的に創造するような経済社会であり、それによってタイは先進国入りすることを目標に掲げている。

その中心となっているのがデジタル技術の活用である。すでに別途「20ヶ年デジタル経済社会開発計画」がスタートしており、全国民がインターネットにアクセスできるようなインフラ整備が進んでいる。このような「カエル跳び」のごとく一気に次の段階まで到達するような経済成長が、はたして実現するかどうかは不透明であるが、タイ政府が産業のデジタル化に乗り出して、さまざまな優遇措置を準備していることを、日本企業はタイにおける集積地の生産性向上に活かすべきである。

生産現場の不都合をデジタル化せよ

とはいえ、在タイ日本企業は、生産工程のどこから手をつければいいのか戸惑っているのが現状である。

生産現場のスマート化（デジタル化）については、日本国内でも、どのように進めるか試行錯誤の段階にある。ましてや新興国・途上国にある生産現場となれば、より難しい問題であろう。というのも、タイを含めてＡＳＥＡＮにある生産拠点の技術レベルは、日本国内よりも低いことが多く、デジタル化が必要だと認識はされていても、国内と同様にＩｏＴを導入する、ＡＩ（人工知能）を使ってみる、という企業は少数派である。

だからといってデジタル化をしなくていい、という道理はない。

タイ地場企業のなかにもデジタル技術を導入して事業展開するところが出てきた。加えて近年、中国企業も最新のデジタル技術を携えて進出を加速させている。タイだけでなく、ＡＳＥＡＮにおける日本企業の生産現場がデジタル化への対応に遅れてしまえば、日本企業が置き去りにされるというリスクもないとはいえない。

前述のように、デジタル技術の開発は先進国がリードしているが、デジタル技術の活用は新興国・途上国でもできる時代であることを忘れてはいけない。おそらくタイだけでなく、新興国・途上国の現場では、本格的なＩｏＴやＡＩの導入よりも優先して実施することがある。それがデジタル技術の活用である。

とくに課題が多い新興国・途上国ほど、デジタル・ビジネスが普及しやすいという特徴を持つ。通貨が不安定なアフリカでスマートフォンを使った決済が普及したのはその好例である。このような課題を「ペインポイント（不都合）」と読みかえれば、生産現場でできるデジタル化が見えてくるのではないだろうか。

ここでいう「不都合」とは何か。

新興国・途上国の生産現場では「ＯＫＹ」という言葉が流行ったことがある。日本の本社から来る様々な要請に対して、

「ここはタイなんだ。日本とは事情が異なる。そんなにいうなら、お前（Ｏ）が来て（Ｋ）やれ（Ｙ）」

という笑い話である。このＯＫＹとして語られる課題が「不都合」である。工場内の整理整頓にはじまり、品質や在庫の管理、労務管理などは日本国内と同じ感覚では通用しないことも多い。文化も商習慣も異なるし、物流などのインフラも日本と同レベルとはいかない。日々の業務の中で多くの「不都合」が生じるのが、新興国・途上国の現場なのであ

る。

これをデジタル技術で解いてみるというのはどうだろう。そして不都合を解くパートナーとしては、スタートアップの存在が注目される。スタートアップに明確な定義はないが、ここではデジタル技術の活用により事業の急拡大を目指す新興企業としていい。

ASEANではマレーシアで生まれた配車サービスのGrab（本社シンガポール）や、インドネシアのGO-JEK（本社ジャカルタ）が有名である。タクシーを捕まえることが困難という「不都合」を配車アプリで解いたのである。バイクタクシーの配車からサービスをはじめたGO-JEKは、すでに人だけではなく、モノの輸送（物流）、マネー情報の移動（送金）などにも事業領域を広げつつある。

こうした企業のように、デジタル技術を活用して「人材採用」から「在庫管理」「ビジネスマッチング」「決済サービス」「マーケティング」などに新しい光を当てるスタートアップがアジアでは出現しているのである。

人材採用について考えてみよう。従来は、採用したい人材のスペックを詳細に吟味し、人材派遣業会社に依頼。時間と場所を選定して面接を繰り返す、という時間のかかる作業であった。しかし現在では人材登録アプリを活用すれば、もとめるスペックを簡単に変えて人材を発掘できるし、面接もメールやスカイプを用いれば、場所も時間も節約できる。しかも、こうした作業は日本からも可能だという魅力がある。

販売促進について考えてみよう。これまでは卸・小売りを回り、交渉を積み重ねるのが定石であった。これはどの企業でもできるものではない。徐々にコンビニエンスストアや大型量販店が登場してきたので、いくぶん交渉は楽になった。それが現在はインターネットを通じた通販、ＥＣ（電子商取引）が急速に拡大している。現地で人気のあるプラットフォームや、影響力を持つサイトやインフルエンサー（ＳＮＳなどを通じて世間へ大きな影響を与える人物）を活用することで、従来の不都合は取り除かれつつある。

このような状況で、タイ政府も新しい産業の担い手としてスタートアップに期待を寄せており、一定期間の法人税の免除や、スタートアップ向けの促進基金を設立している。２０１７年上半期だけで１５００件のスタートアップが生まれ、７５００人以上の雇用を創出したといわれている。このようなスタートアップとの連携を含めることが、タイの集積地のデジタル化、生産性向上を図るうえで重要な視点になる。

スタートアップと連携するメリットは、彼らが有するデジタル技術の活用だけではない。小回りがきいて、大企業や中堅企業が回避するようなリスクにも果敢に挑むという特徴はパートナーとして魅力的である。

加えて、タイでは日本人が立ち上げたスタートアップが出現している。日本人同士であれば、企業が抱える不都合の相互理解にも好都合であろう。

ただし、このようなスタートアップとの連携の具体化には、現地サイドだけでなく日本サイドの理解と支援が必要となる。スタートアップとの連携構築を、現地サイドのミッションとして明確化しておく方がよいかもしれない。

ここでは、タイプラスワンと生産拠点のデジタル化を取り上げたが、長期的にASEANと連携していくためには、ともに成長するという取り組みが必要になる。次章ではこの点について考えてみたい。

第5章　新興国・途上国とともに成長する

「中所得国の罠」を回避する

ＡＳＥＡＮが日本の持続的経済成長の重要なパートナーとなることを考えれば、「ＡＳＥＡＮとともに成長する」ことが日本の成長戦略のひとつになる。

そこで本章では、ＡＳＥＡＮとともに成長するという視点を、

「ＡＳＥＡＮの政府とともに成長する」

「ＡＳＥＡＮの企業とともに成長する」

「ＡＳＥＡＮの人たちとともに成長する」

という3つの観点から考えてみたい。

中長期の視点にたてば、サプライチェーンの核となる各拠点の生産性を高めなければならない。タイプラスワンの事例でいえば、その中心となるタイの生産拠点の付加価値を高める必要がある。直面する課題については先にデジタル技術の活用として述べた。

中長期的な新興国・途上国の生産性向上上の必要性は、「中所得国の罠」を回避するという点で注目を集めている。

中所得国の罠は、世界銀行の『東アジアのルネッサンス（An East Asian Renaissance）』

（2007年）で示された概念である。明確な定義はないが、かいつまんで言えば、低所得国は安価な労働力や天然資源の活用、外国企業の進出をテコに中所得国までは成長できるが、人材育成や制度改革、技術革新などを通じて生産性を引き上げなければ、高所得国への移行は難しいことを示したものである。末廣昭『新興アジア経済論』は「安価な労働力と低コストの資本の追加的な投入によって経済成長を実現しようとする路線、つまり低コスト優位路線が行き詰った状態」としている。労働集約的な産業や資源活用型の産業だけでは、先進国入りは困難であるという指摘である。

この中所得国の罠を回避するために必要な対策について、関連論文や報告書をみると、競争力ある産業の発掘と育成、高等教育の充実と研究開発への投資の拡大、民間主導の経済構造、技術革新（イノベーション）の促進などがあげられているが、どれも目新しいものではない。また、わが国を含めて先進国が取り組んでいる政策とも大きく変わらないことに気がつくだろう。これが意味するところは、中所得国ともなると、先進国と伍する競争力をもたなければ、持続的成長を維持することが難しいということである。

ところが中所得国の場合、先進国に比べて財源や人材に乏しく、インフラや法規の整備なども遅れており、これらを実現するのは容易ではない。これが罠の回避を困難にさせているのだ。したがって中所得国の罠を回避するための支援は、そうした国だけでなく、同時に日本企業の生産性を高める手立てにもなる。

もちろん、ASEANのすべての国が中所得国の罠に直面しているわけではない。そこで当然、わが国のASEAN諸国に対する支援のあり方は、国によって力点が異なる。カンボジアやラオス、ミャンマー向けの援助・支援では、まだ貧困削減が中心となり、低位中所得国の水準にあるベトナムやフィリピン、インドネシアでは工業化の基盤を形成するための支援に力点が置かれる。そして高所得国への移行を目指すタイやマレーシアでは産業構造の高度化を促すような支援が有効となる。

中所得国の崖

ASEANが持続的に成長していくためには、生産性の向上だけでは十分ではない。中所得国が直面するリスクを回避することも重要な視点である。

その例として、前述の2011年にタイを襲った50年に一度という大洪水について考えてみよう。この洪水によってタイの中央部を流れるチャオプラヤー川沿いに位置する7つの工業団地、約1000もの工場（38万人を雇用）が生産停止を余儀なくされ、グローバル・サプライチェーンに影響を与えた。また、被災した日系企業が多かったことから、日本経済への影響も少なくなかった。

洪水の直接的な原因は例年の1・4倍の降水量や、高低差が小さく、水はけが悪いというタイ特有の地形にあったが、洪水に対する防災対策や緊急措置体制の不備が被害を拡大させた点は軽視できない。

近年、世界中で議論されている気候変動についても、新興国・途上国は対処していかなければならない。だが財源が乏しく、取り組むべき課題が多い新興国・途上国政府は、都市部や外国企業の多い工業団地の防災だけに、財源と人材を集中して投入することはできない。

この点を踏まえると、日本政府のタイの治水管理計画への参加は、タイだけでなく日本の国益とも合致する支援である。また新興国・途上国で事業展開する生産拠点の災害リスクを軽減するような国際支援・協力は、新興国・途上国だけでなく、世界経済の持続的発展を担保するという「経済の安全保障」と位置づけてもよい支援である。

そのほかにも中所得国が直面する特有の課題は多い。

新興国・途上国のなかのいくつかの国は、所得水準が十分に高まる前に高齢化が進んでしまうという社会問題を抱えている。また地球温暖化を防止するために、各国は二酸化炭素の排出量を抑制しなければならず、先進国が過去に経験したような、石油や石炭といった化石燃料に依存した成長モデルは採用できない。くわえて大都市だけが急速に成長する一方で、他の地域が成長から取り残されてしまうという所得格差問題も同時に解消しなければならない。いずれも現在の先進国が、かつて中所得国であった頃には経験しなかったリスクである。

筆者は、これらを経済面の生産性に焦点を合わせた中所得国の罠と区分するために「中所得国の崖」と呼んでいる。「崖」と名付けたのは、これらの問題に対処できない場合、高所得国への移行が困難になるだけでなく、社会不安を高める原因になるかもしれないからだ。

これまでの東アジアの成長は、安定した政治・社会環境があったからであることを忘れてはならない。ＡＳＥＡＮの持続的な成長を支える支援は、経済面だけではなく、広い視野で行う必要がある。

インフラ輸出拡大のためには

このような中所得国の罠や中所得国の崖を回避するための支援としてインフラ整備支援がある。このインフラ整備支援は、同時にわが国のインフラ輸出拡大につながる。

内閣官房「我が国の技術を活かしたインフラ輸出の拡大に向けて」（２０１４年）では、インフラの受注実績で、欧米や中国・韓国などの競合企業に大きく水をあけられた状況を直視し、その改善のために、官民が連携し、２０２０年には約30兆円の受注を目指す（ちなみに10年は約10兆円）とうたっている。

そのために総理・閣僚の外国訪問へ民間企業のトップも同行するという「トップセールス」をはじめ、ＦＳ（事業化調査）から公的資金の活用の円滑化、官民連携（ＰＰＰ）のスキーム造り、手続きの円滑化などが進められている。

しかしインフラ輸出を拡大させるには、日本の誇る技術や資金だけで対応することは十分だとはいえない。地元政府とともに、インフラ整備計画の策定そのものから積極的に参加していく必要がある。

これまでも１０００億円を超える大型案件や、すぐ利益の出る案件については政府や企業は積極的に関与してきた。だが今後は、規模が小さく、利益の見通しの立ちにくいプロジェクトについても案件が形成される過程から関与し、採算が見込めるような事業に組み直していくという提案型の協力が必要となるだろう。

より具体的にいえば、現地政府と合弁事業を立ち上げることで案件形成からコミットし、そうした活動を通じてインフラ輸出拡大を狙うべきである。鉄道インフラの整備についていえば、運営にたずさわる人材の育成や、沿線の不動産開発なども盛り込んだ包括的な案件に仕上げていくのはどうだろう。

日本政府と企業は、当該国の10年先、あるいは20年先までを見すえた開発計画を各国政府・官僚とともに議論し、それを実現するために必要なインフラと、日本の支援の必要性を明確に示していくという努力が求められる。

相手国の官僚とのパイプを太くしていくという活動は、日本政府は外交の一環として、日本企業は営業の一環として取り組むべき課題といえる。

現地政府が中長期的な視点にたつことになれば、日本政府が主張する「質の高い」インフラの必要性がよりよく理解されるだろう。そして現地政府に、日本のインフラの「質の高い」機能が認識されたならば、それが中国など日本以外の国からの支援対象となっているインフラ整備計画であったとしても、日本からのインフラ輸出拡大につながるはずである。

また、すでに触れたように、機械や設備の輸出といったハードのインフラ整備にのみ固執するのは得策ではない。支援で整備されたインフラの質を高める上で、それを運営する人材を育成することも重要な支援である。何より、それは日本企業のサプライチェーンの拡大に役立つ。人材育成というソフトのインフラ支援は、ハードのインフラ輸出の拡大に直接、結びつくものではないが、日本のプレゼンス向上と日本企業の活動領域の拡大への効果は大きい。

17年に日本政府は中国の一帯一路と連携した日本企業の活動を支援することを発表したが、たとえば中国が他国で建設した鉄道を効果的に活用するための、システム関連の輸出などと結びつけることによって、中国から他国への支援を、日本との共栄関係に変えていくような発想が必要だろう。

多国籍化するASEAN企業との連携

「ASEANとともに成長する」の第二の視点は、「ASEANの企業とともに成長する」である。

これまでも日本企業はASEAN企業との良好なパートナーシップを築くことにより多

くの事業で成功を収めてきた。とくに1980年代までは、いずれのASEAN諸国も外資企業の進出について厳しい出資規制を課してきたこともあって、地場企業との合弁による事業が基本となっていた。よって事業成長のためには、パートナーとなる地場企業の発掘と関係の深化が重要なカギのひとつとなっていた。

それが80年代以降、ASEAN各国の政府が、外資企業の誘致は当該国の成長に寄与すると認識するようになってから、各国の出資規制は緩和されるようになった。とくに製造業については、生産した製品の輸出比率を条件に、日本側の100％出資、すなわち単独での進出が可能になった。その結果、地場企業との連携の必要性は低下した。

もっとも、国内産業に影響の大きいインフラ整備やサービス産業などについては、現地企業のマジョリティ（多数派とすること）を義務づけるという出資規制は残っており、とくに、2010年以降、魅力が高まってきたASEANの消費市場へ参入する際には、パートナーとなる地場企業の発掘と関係強化がふたたび重視されるようになっている。良いパートナーに恵まれれば、一般には外国企業が参入できない相手国の事業を獲得することが可能になる。

経済産業省に所属していた松島大輔は『空洞化のウソ――日本企業の「現地化」戦略』で、

図表5-1　ASEANの対外直接投資額

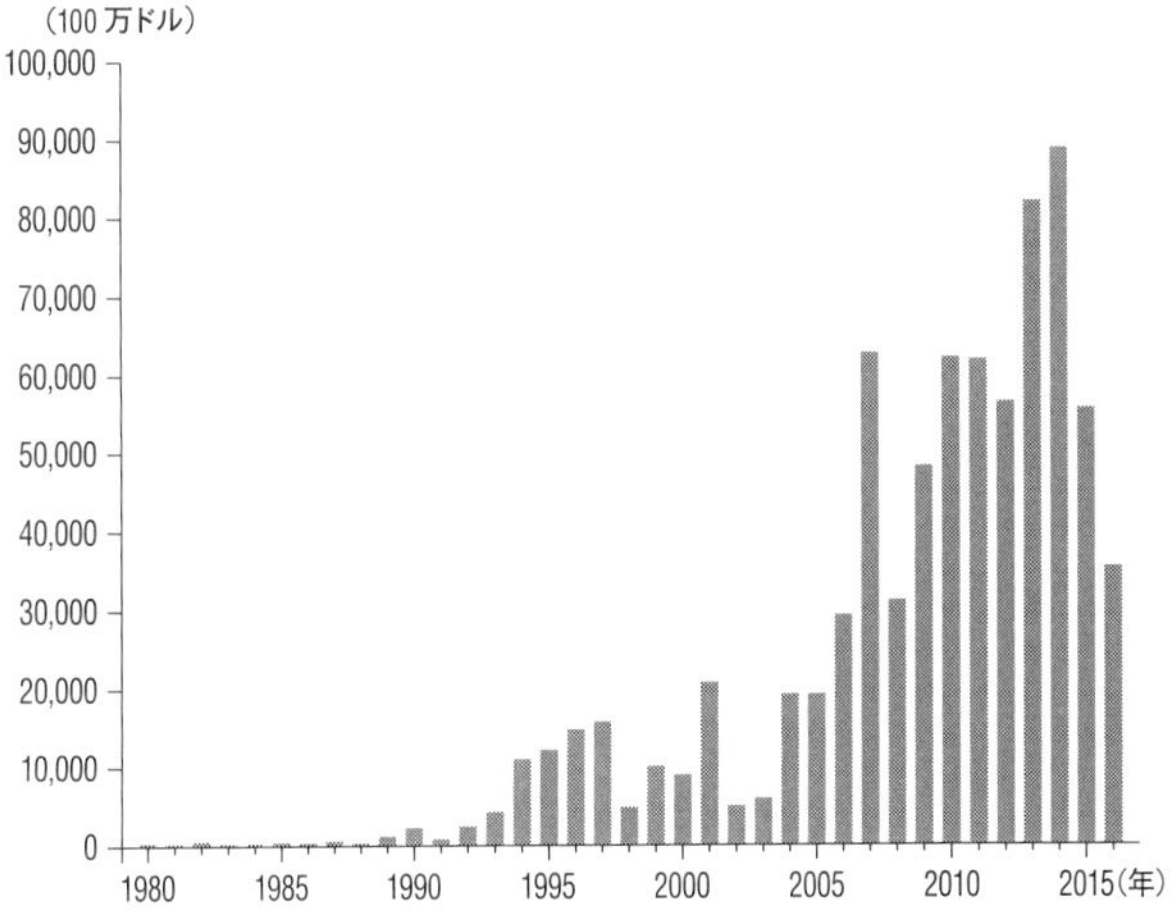

（出所）UNCTAD STATより作成

現地パートナーとの良好な関係を築いて成功した例として建設会社（タイ大林）をあげている。74年に設立された同社は、他の日本の建設会社に比べて非日系のビジネス（地場のビジネス）を多く手掛けている。これは有力な地場金融会社をパートナーとして、早い段階からタイ人を社長に据えた現地経営を志向してきた結果であるというのだ。

ＡＳＥＡＮの地場企業との連携が重要と考えられるのは、多国籍企業として実力を備えた企業が多く出現してきたからである。

図表5-1はＡＳＥＡＮの対外直接

投資額（他国で事業活動を営むために投入された資金額）の推移をみたものであるが、年ごとに変動が大きいものの、２００６年以降、急増している。14年には８９０億ドルとなった。この規模は韓国の海外直接投資額の３・２倍に相当する。その後、一服した感があるものの、ＡＳＥＡＮ諸国の企業が海外投資をするということは、彼らが多国籍企業へと変貌し始めていることを示すものにほかならない。

そして、その投資のうち４割はＡＳＥＡＮ域内に、６割が域外への投資となっている。このようにＡＳＥＡＮ企業が多国籍化してきたことは、ＡＳＥＡＮ各国の市場に加えて、それぞれの国以外の市場開拓においても、彼らが重要なパートナーになってきたことを意味する。とくにＡＳＥＡＮ域内ビジネスにおいて、ＡＳＥＡＮ企業との連携が強みを発揮する。ひとつ例をあげると、カンボジア、ラオス、ミャンマーへの進出にはタイ企業との連携が有効となろう。

タイの消費財大手サハ・グループは、これまでも80社を超える日本企業と合弁事業を行ってきた財閥だが、古くから洗剤や化粧品、衣類などをミャンマーに供給し、すでにミャンマー国内の流通網に深く食い込んでいる。近年はミャンマー国内にも工場を立ち上げた。ＡＳＥＡＮ域内でのグループの売上を、今後５～10年以内に４～５倍に引き上げる計画である。PTT（タイ石油公社）はガソリンスタンドと、コーヒーショップ、コンビニエンスストアを併設した拠点を、カンボジア国内に展開し始めている。

このような日本企業の性格をよく知るタイ企業との間で、共栄関係を作ることは有効な戦略である。

ASEANの企業の実力と可能性を、その企業単体でみていると過小評価になる。ASEANの企業の多くは、域内に広がる華僑・華人のネットワークを有しており、そのネットワークの活用を視野に入れておくことも有用である。

このようなネットワークはASEAN域外の市場開拓でも力を発揮する。

14年7月に発表された伊藤忠商事とタイ最大財閥チャロン・ポカパン（CP）グループの資本提携は、その新しい可能性を示した例である。伊藤忠商事は、農業や食品加工、小売りで実績があり、かつ中国ビジネス界に対するCPグループのネットワークに注目した。一方でCPグループは、伊藤忠商事が持つ世界中の販売ネットワークに関心を示したという。まさに共栄関係を想定した資本提携といえる。

15年1月に両社は、中国最大の国有複合企業である中国中信集団（CITIC）に1兆2000億円を出資すると発表した。これは中国国内の市場開拓だけではなく、中国企業との仲介役としても、ＡＳＥＡＮ企業が力を持ち始めたことを示すものである。

今後は、イスラム世界への窓口としてのＡＳＥＡＮ企業との提携も増えるかもしれない。前述のハラル市場についていえば、シンガポール、マレーシア、インドネシア企業との連携が有効だからである。またＡＳＥＡＮの印僑（インド系住民）と協力したインド市場の開拓も有効だろう。

さらにいえばＡＳＥＡＮ企業と関係を強化していくことで、日本企業の得意分野の強化だけではなく、ＡＳＥＡＮ企業の得意分野への参入も視野に入れるべきである。ＡＳＥＡＮの国のなかには農産物、天然ゴム、パームオイル、原油などの原材料を用いて、高い付加価値のある製品にする取り組みを急いでいる企業も多い。そうした企業の生産性の向上や販路開拓での協力も考えられる。

日本企業同士の連携

ここでユニークな視点として、在ＡＳＥＡＮの日本企業同士の連携の可能性を指摘しておきたい。ここまで日本の持続的な経済成長のために、ＡＳＥＡＮとの連携強化が重要であると強調してきたのは、ＡＳＥＡＮが日本の企業が集結する地域だからである。

外務省「海外在留邦人数調査統計」（2017年）によれば、ASEANの在留邦人の数は16年10月1日時点で19万人を超えている（**図表5−2**）。これは中国の12万8000人を大幅に上回る。ASEANのなかでもっとも多いのはタイの7万人で、以下、シンガポール（3万8000人）、マレーシア（2万4000人）が続く。これは大使館および領事館に届け出た者のうち、3ヶ月以上の在留者の数であり、短中期出張者などは含まれていない。実際にASEANに滞在する邦人の数がさらに多いことはいうまでもない。

つまりASEAN諸国には、21世紀の「日本人町」といえる場所が形成されているのだ。

図表5-2　ASEANの在留邦人数（2016年10月1日）

国名	人数
タイ	70,337
シンガポール	37,504
マレーシア	23,693
インドネシア	19,312
フィリピン	16,977
ベトナム	16,415
カンボジア	3,049
ミャンマー	2,315
ラオス	812
ブルネイ	180
合計	190,594
中国	128,111
インド	9,147

（出所）外務省（2017）「海外在留邦人数調査統計」より作成

ASEAN各国の日本人学校の生徒数は合わせると2万人を超え、日本人生徒を相手にした塾や家庭教師などのビジネスが、採算が見込める事業になっているほどである。

このように企業だけでなく、日本人が集中していることを、日本企業の競争力強化に活用しない手はない。生産の効率化のためには工程間分業のようなフラグメンテーション、つまり分散の力学を活用すると同時に、付加価値を生み出すために「取引相手との交渉が容易であること」「市場に近く、迅速な対応が可能であること」などの集積の力学を利用することも重要であるからだ。能力の高い日本企業が、日本語でコミュニケーションを取れる集積の効果を活用できる空間がＡＳＥＡＮにはある。

その場として、ＡＳＥＡＮ各国にある商工会議所や商工会が主催する交流会がある。08年6月にはＡＳＥＡＮ各国の商工会議所・商工会の上部組織として「ＡＳＥＡＮ日本人商工会議所連合会（ＦＪＣＣＩＡ）」が発足した。登録企業数は実に約６５００社に達する。同連合会は毎年、ＡＳＥＡＮ事務総長との対話などを通じてビジネス環境改善に取り組んでいる。これまでも原産地証明の運用面での改善に力を発揮し、今後は人材育成や中小企業支援にも取り組んでいく計画である。

ここで強調しておきたいのは、日本企業同士による付加価値を生むための連携の可能性である。とくに日本語を用いた交流が国外で可能な地域は、ＡＳＥＡＮをおいて世界でほかにない。これを活用して在ＡＳＥＡＮの日系企業の間で、自発的な研究開発を促すような制度造りを目指すべきである。これについても商工会議所・商工会は重要な役割を果たす。

ただし、これは現地にある生産拠点の努力だけで達成されるものではない。ＡＳＥＡＮの生産拠点においては、これまでは取引関係のなかった企業との協力活動の模索・構築ができるようにするためにも、本社からの権限委譲が必要となる。むしろ、日本の本社が積極的に、現地拠点で新しいビジネス関係を発掘するミッションを、ＡＳＥＡＮ支社に与えた方がよいのかもしれない。

中国では、たまたま工業団地に隣り合わせになった日本の中小企業の間で新しいビジネスが生まれたという例がある。このようなことがＡＳＥＡＮでも実際に起こっていると思われる。国内での系列関係にとらわれない新しい連携がＡＳＥＡＮでは可能なのである。

総務・人事部員を派遣せよ

「ＡＳＥＡＮとともに成長する」の第三の視点は、「ＡＳＥＡＮの人たちとともに成長する」である。

企業の生産性の向上は、現場で働く人たちの熱意と創意工夫にかかっているが、日本の製造業が輝かしい業績を示していた時代には生産のフロントの力がずば抜けていた。その強さの背景には、ホワイトカラーとブルーカラーを明確に区分しない一体感があったともいわれている。

これまでもASEANに建設された工場では、QC運動や改善運動など日本での成功体験が積極的に導入されてきた。また、食堂や宿泊施設の充実などの福利厚生にも、他の国の企業よりも力を注いできた。

しかし、日本の工場と同じような人材育成がなされてきたかというと疑問は残る。これは日本企業のASEANに派遣される人たちの多くが、技術専門職であったことに起因しているのかもしれない。これまでASEANの生産拠点では、工場の立ち上げや生産拡大が重要な課題であったからだ。しかし今後は、現地の人たちに役割や権限を委譲し、生産拠点を自らの判断で動かせる自主性を高めるような活動が必要である。

その成功例に住宅設備機器・建材の大手メーカー（LIXIL）が挙げられる。同社のタイ工場は6000人を超える従業員を抱えているが、経営のすべてをタイ人に任せられるように組織を常に改革してきた。また、最新の設備を導入したこともあって、現在では日本の工場とほとんど変わらない生産性を持っている。タイ工場が大洪水で被災した際に、日本の工場へ特別枠でタイ人労働者を派遣して生産活動を続けたが、その手際の良さは日本人顔負けのものだったという。

このような現地化は会社への帰属意識を高めるようにも作用する。２０１４年5月22日、タイ国軍はクーデタを敢行し、その夜は戒厳令（外出禁止令）が発布された。午後10時以降の外出が急きょ禁止されたため、夜間の操業は中止せざるをえない状況になった。しかし同社の多くの社員は、おのおのが携帯で連絡を取り合い外出禁止になる前に出勤したため、工場は停止することはなかったという。

同社は14年からベトナムで大規模工場を稼働させるため、ベトナム人スタッフの研修をタイ工場で行った。もちろん教育を担当したのはタイの生え抜き技術者である。

タイの生産拠点が一段と生産性を引き上げるためには、人材の育成、昇進や昇級制度などの人事制度について抜本的な見直しを図る必要があろう。これまでは、各国の慣習や文化が強く反映する総務部や人事部の領域は現地サイドに任せる、というのが成功の条件と考えられてきた。その点は今後ともかわりないものの、総務部や人事部のノウハウも持つ人材を日本から現地に派遣して、人材育成が促されるような組織改革に取り組むことが、生産性を引き上げるために必要な施策となろう。

原点を忘れた日本人管理者?

とはいえ、経営の現地化はかなりの時間を要する作業であり、当面は日本人が指揮を取らざるをえない。その際には日本人と現地スタッフの関係が良好か否かによって事業の成否が決まる。

筆者は1990年からアジアのビジネスに関して調査してきたが、これまでの経験からいえば、タイ人スタッフと比較的良好な関係を形成できているのは長期駐在の日本人が存在する場合が多い。そうした長期駐在者は口をそろえて、「タイ人は阿吽《あうん》の呼吸で動いてくれる」という。これは、よく耳にする、タイ人は指示を出さないと働いてくれないという、多くの駐在員が抱く不満とは正反対である。

ヘンリー・ホームズ&スチャーダー・タントンタウィー『タイ人と働く』は、アメリカ人の文化人類学者が、欧米の企業の経営者とタイの従業員の間の文化摩擦と、その解決の糸口を示した良書である。同書は、サービス業を対象としていること、欧米人が感じる文化摩擦は日本人の感じるものとは異なる点で注意が必要であるが、タイ人との良好な関係を築くヒントが多く含まれている。

同書が強調する点のひとつは、タイにおける人間関係は、人間同士の「二者関係」が組織への忠誠心より優先することがあることだ。前述のように良好な人間関係を築いた長期駐在者の言葉の背景には、上司・部下という関係を超えた二者関係が形成されていることがある。

これはタイだけでなく、ASEANで事業を展開する上で、大きな問題のひとつであるジョブ・ホッピング（転職）に新しい視点を与えてくれる。ASEAN各国では、すこしでも給与水準の高い会社を見つけると簡単に従業員が転職してしまうのだ。しかし、その原因のひとつは日本人管理者と現地スタッフの間に親密な関係が築かれていないことにあるのかもしれない。

ASEANにおける日本人管理者の赴任期間は、およそ3年から5年と短期であり、その間に緊密な人間関係を築き上げることは難しい。この程度の期間では、ようやく互いに気心が通じたころに日本人管理者は帰国することになる。

赴任してきた日本人管理者が現地に溶け込むには、それ相応の時間を要するが、それまで勤めてきた現地スタッフが新しい日本人管理者と人間関係を築くのも同じように時間がかかる。現地スタッフにとってみれば、新しい管理者が来るたびに繰り返される悪夢に違いない。さらに仕事の状況や仕方については、赴任してきた日本人管理者よりも現地スタッフのほうが精通していることは多々ある。それでも慣れない日本人管理者の承認を得なければならないのだから、現地スタッフのストレスが増すことは容易に察しがつくだろう。もちろん長期滞在者を必ず配置しなければならないということではない。現地スタッフの幹部を頻繁に日本へ招聘し、日本在住のスタッフとの人間関係を強化している企業もある。

こうした日本人と現地スタッフとの関係について、多くの日本企業と合弁事業をしてきたタイ地場企業オーナーは、「それは日本人管理者が原点を忘れただけだ」と言い切る。かつて日本企業がタイで成功する確率が高かったのは、現場の責任者が創業者精神を持ち、広い観点から事業を把握した上で、現地に任せられるものは何かなどを現地スタッフと繰り返し議論してきたからだという。しかし最近は、「タイの現場は日本本社の遠隔操作によって管理されている」というような印象を受けるそうである。現場の日本人は本社の指令を待っているにすぎないという。耳の痛い指摘である。

合弁事業の設立に至らなくても、販売などの業務委託という形態でパートナーとの協力関係を構築することは、ビジネス成功の重要なカギである。委託する範囲については詳細に議論してはいても、業務の実態をモニタリングできるような人間関係を構築しているだろうか。事後の対応ではなく、未然に問題発生を防ぐためには、インフォーマルな情報源が必要である。

日本の人づくり支援

ＡＳＥＡＮの人材育成については、これまで述べてきたような個々の企業の努力だけではなく、日本政府を中心にして、国ぐるみで取り組むことが重要である。

そうした育成の成功例が、タイの私立大学「泰日工業大学」を通じた人材育成である。この学校の歴史をつづった泰日工業大学「ものづくり教育―ＴＮＩストーリー」によれば、泰日工業大学は、日本へ留学・研修経験のあるタイ人が設立した公益法人「泰日経済技術振興協会」を母体にして２００７年に開校した。カリキュラムは自動車工学や電気電子工学、情報技術、生産工学などを中心に構成されている。14年度には約１５００人が入学した。

興味深いのは、日本企業のものづくりに直結する、実践的な技術と知識を兼ね備えた学生を育成することを目的にしており、日本の企業文化を学ぶこともカリキュラムに含まれていることである。14年度の卒業生は５７３人で、希望者の１００％が就職したが、その半分は日系企業であったという。ほかには日系企業と取引の多いタイ企業への就職もみられる。また製造業、情報通信業、商業など400社と連携し、技術系、事務系に区分したインターンシップ制も採用している。

マレーシアでも11年に、日本型工学教育を導入した「マレーシア日本国際工科院」が、マレーシア工科大学の下に設立された。マレーシアには電子電機産業の日本企業の進出が多いこともあって、同分野の高度な知識を有する人材育成を中心にしている。

このような人材育成は、他の機関の支援と連携していくと効率的であろう。JICA（国際協力機構）の人材育成支援のひとつに、ASEANの大学の工学部と連携した「アセアン工学系高等教育ネットワークプロジェクト」がある。これは90年代後半に起こったアジア通貨危機以降、ASEAN諸国の要請により、産業構造の高度化をわが国が人材面から支援するもので、現在、フェーズ3に入っている。ASEANからは26の大学が、日本からは14の大学が参加しており、ASEANと日本の大学連携を通じて高度な研究・教育体制を整備するとともに、産学連携による共同研究プログラムを促進する。

それだけではなく実際に工業団地で働く人たちの育成を図る支援も必要である。とくに進出した日系中小企業の多くは、自ら人材育成を図ることが困難である。そこで工業団地内で共同の研修所を作るなどして人材育成を進めるなどの工夫が必要である。

筆者は東レグループに在籍していた経験を持っているが、同社では現場技術者に1年間、社内の研修所で勉強する機会を与える。すでに現場で鍛えられた技術が知識に裏付けられ、研修後は見違えるほどの活躍を見せた若い技術者を知っている。

15年11月に安倍政権は今後3年間にASEAN地域を対象に4万人の産業人材の育成を行うと発表した。R&D（研究・開発）だけでなく、現場の力を高めるような仕組み作りが期待される。これは17年の段階でも、まだ計画の域を出ていないが、いかに日本企業のメリットにつなげるかという視点が重要になる。

第6章　日本から富裕層マーケットに切り込む
——メイド・イン・ジャパン戦略

「工場」から「市場」へ

2008年の『通商白書』のサブタイトルは「新たな市場創造に向けた通商国家日本の挑戦」であった。同書では世界市場を「50億人市場」と定義した。ここでいう50億人とは、10億人の先進国市場に、40億人の新興国・途上国市場を加えたものである。

これ以降の通商白書は、新興国・途上国の消費市場について多くのページを割くようになった。メディアも、とくに世界経済危機以降は、新興国・途上国の消費市場の特集を競って掲載するようになった。

企業レベルでみても、わが国で人口減少や少子高齢化が進展するなかで、国内市場に大幅な拡大が期待できないことを理由に、新興国・途上国の消費市場の開拓・確保が不可欠な戦略であるという認識が浸透してきた。

日本企業にとって新興国・途上国といえば1980年代までは天然資源の供給地であった。90年代以降は、これに安価な労働力の供給地としての役割が加わり、そして21世紀に入って消費市場としての魅力が上乗せされた。

このような新興国・途上国への期待の変化は、国際協力銀行の企業アンケート調査結果からも知ることができる。

中国、インド、ベトナム、タイ、インドネシアというアジアの新興国・途上国を投資有望国と回答した企業のうち、「安価な労働力」と「現状の市場規模」を理由とした回答の割合をみると、いずれの国も、時間とともに「現状の市場規模」への期待が高まっていることがわかる。他方、「安価な労働力」という回答率は年々低下する傾向にある。

中国を例にとってみると、「安価な労働力」と回答した企業の比率は２００３年度に73・９％と高かったが、17年度には14・２％へと低下している。他方、「現状の市場規模」と答えた企業の比率は逆に19・７％から61・４％に上昇している。中国における事業展開の目的は安価な労働力の活用から、消費市場の開拓・確保に移ったといってよいだろう。

タイやインドネシア、インドでも同様に「現状の市場規模」と回答した企業の比率が「安価な労働力」を上回ってきた。ベトナムはまだ「安価な労働力」の回答比率が高いもののトレンドは同じである。

高所得層を見逃すな

これまで新興国・途上国の消費市場といえば、中間所得層の存在がクローズアップされてきた。日本と比較すれば低所得であるものの、人口規模が大きいため、その開拓が将来の市場占有率を高めると考えたのである。

しかし近年は、新興国・途上国の大都市やメガリージョンに拡大する、日本と同じ価格帯の製品を購入できる高所得層に関心が移りつつある。新興国・途上国では所得格差が大きいため、日本人が想像する以上の規模で高所得層が存在することがわかったのである。

中国市場を語る際に、「その規模は13億人、水準は1人当たりGDPで8000ドル」といった国レベルで平均化された指標に基づいた表現をよく見るが、これでは日本国内と同じ価格帯の製品を買うことのできる高所得層の存在を見逃してしまうことになる。

国レベルの統計では、こうした大都市やメガリージョンの市場規模や水準を把握することはできない。そこで新興国・途上国における高所得層の実態を、所得格差の程度を示す「ジニ係数」から概観したい。

ジニ係数は具体的には**図表6−1**から求められる。横軸に人口（あるいは世帯）累積比率をとり、縦軸に所得累積比率をとって、所得の低い順番に左から並べると、右肩上がりの曲線（ローレンツ曲線という）を描く。その曲線と45度線とで囲まれた面積と、三角形の面積との比率がジニ係数である。

図表6-1　所得のローレンツ曲線

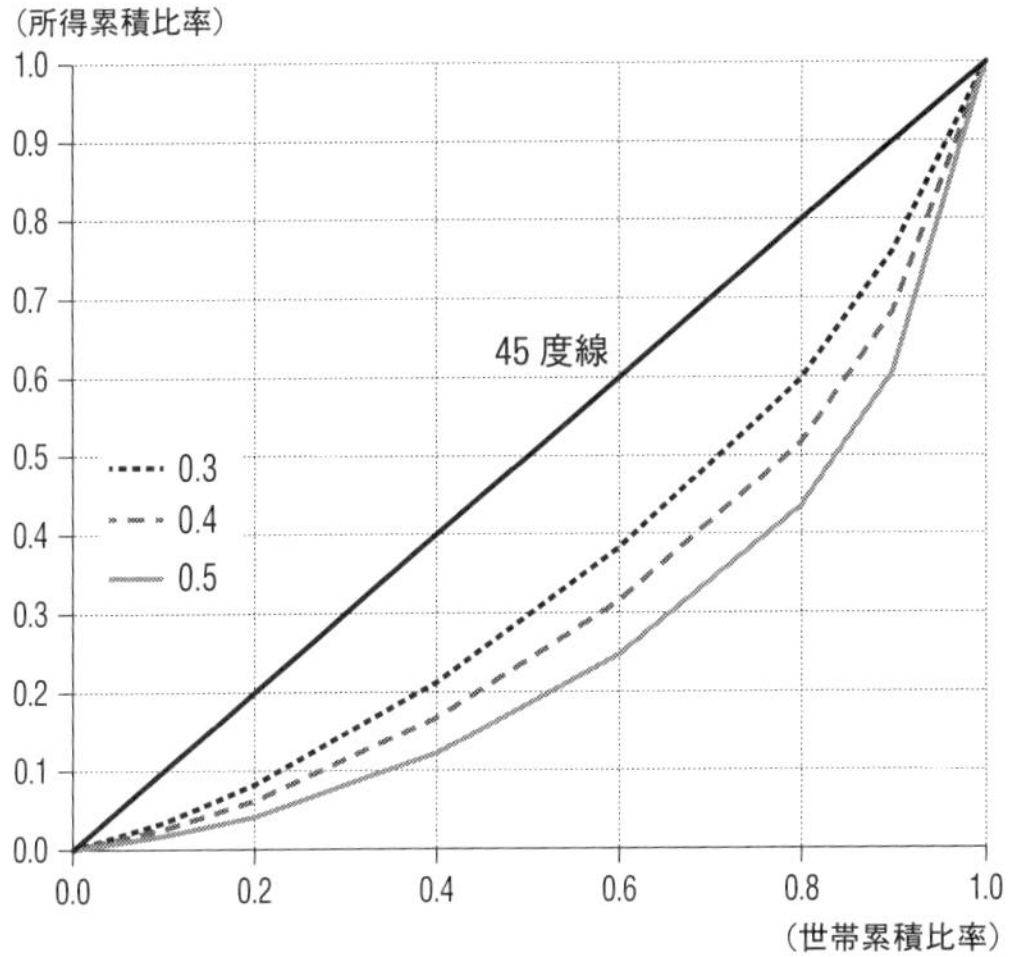

（出所）World Bank, *World Development Indicators 2011* より筆者試算・作成

所得格差がまったくない場合は、45度線と曲線は一致し、ジニ係数は0となる。他方、所得格差が大きくなるほど、曲線は下方に膨らみ、45度線と曲線に囲まれた面積は大きくなり、ジニ係数も上昇する。

ジニ係数は0から1の値をとるが、実際は0・2から0・5の間で収まる。日本は0・3付近にあるが、新興国・途上国は所得格差が大きく、0・4〜0・5の間にある。

それでは、たとえばジニ係数が0・4という社会は、具体的にどのような所得格差があるのかをグラフから考えてみよう。

図表6―1に示した曲線は、各国のデータを基に、ジニ係数が０・３、０・４、０・５の場合について試算したものである。

ジニ係数が０・４の場合、世帯累積比率が０・８では、所得累積比率が０・５付近にある。つまりジニ係数が０・４の社会とは、上位20％の所得が全所得の約半分を占め、さらに上位10％の所得が全所得の30％を支配するような社会である。すなわち上位10％の平均所得は、国全体の平均所得の３倍に相当することになる。

さらにジニ係数が０・５の社会では、上位10％の所得は全所得の40％以上を占める。

それでは、新興国・途上国の上位10％がどのような生活水準にあるのか、タイを事例に考えてみよう。

タイ国家統計局「２０１５年家計経済社会調査」によると、15年のタイの家計所得は月２万７０００バーツ（約９万円）である。ここでジニ係数が０・４であるとしよう（実際は０・４を超えている）。上位10％の平均所得は国平均の３倍であるから月27万円となる。年ベースに換算すれば３００万円を超えてくる。タイの人口を６５００万人とすれば、その10％に相当する６５０万人の年収が３００万円以上と推計されるのである。その多くは首都バンコク周辺に住んでいると考えていいだろう。そうすれば、日本とほぼ同じ価格帯のラーメン店が、なぜ多くのタイの人たちでにぎわっているのかが理解できるだろう。

地域間格差から市場を捉える

第2章でみたように、新興国・途上国では、大都市やメガリージョンが他の地域とくらべて突出して成長し、地域間所得格差は拡大している。これにともない市場の規模や内容も、場所によってまったく異なっている。

中国を例にとれば、日本と変わらない購買力を持つ沿海部の上海市と、まだ深刻な貧困問題を抱える内陸部の新疆ウイグル自治区の市場を同じように捉えることはできない。これは面積が広大な中国だけでなく、新興国・途上国で一様に起こっている現象である。

新興国・途上国に実際に出向いて驚かされるのは、大都市あるいはメガリージョンにいる高所得層の存在だろう。いずれの国の首都中心部も、先進国さながらの景観を持つようになっている。街中を歩けば、スターバックスやユニクロなどに人が集まっているのが目につくし、iPhoneなどの高額スマートフォンの売れ行きも好調である。

大都市やメガリージョンの消費市場の規模や内容は、その国の他の地域とは大きくかけ離れている。日本企業が新興国・途上国市場の開拓に際して、まず攻め込むべきは大都市やメガリージョンであろう。

もちろん大都市やメガリージョンに住む人々のすべてが高所得者であるわけではない。新興国・途上国の大都市やメガリージョンは、高所得層の大部分が住む地域であると同時に、多くの中間層、低所得層が居住する重層的空間でもある。

この重層的な市場は自ら街中を歩けば実感できる。

インドネシアのジャカルタを例にすれば、その目ぬき通りは東京と見間違うような景観である。週末ともなれば日本と同じ価格帯の日本料理店がにぎわっている。ところが、目ぬき通りから100メートルも離れればローカルな市場が現れてくる。そこで売られている商品は、価格や品質だけでなく、容器の形状や陳列の仕方まで大きく異なっている。

地図上で、こうした重層的な市場の分布を確かめるのも重要な作業である。

スターバックスや地場のコーヒー店の地理的分布をチェックし、その時間的な変化を追えば、大都市内のある地域における購買層の移り変わりを把握することができよう。また、理髪店を地場の散髪屋、すこし高級な散髪屋、美容院、高級美容院と区分けして地図上にプロットするのもアイデアである。売れ筋製品の価格や質などを把握するためには、国際的な展開をしているコンビニエンスストアと地場小売店の分布と品揃えを、定点観測することも有効である。

こうして地理的な購買層の分布が把握できれば、低所得国でも高所得層を確保することができる。

日系大型小売店（イオン）はカンボジア・プノンペンでショッピングモールを開設する際に10万世帯を超える調査を実施した。同社のパンフレットによれば、カンボジア全体では、月間世帯収入が400ドルに満たない層が全体の88%を占めるが、同社が開設地として選んだ場所の半径1キロ内には、月収800ドル以上の世帯が75%を占めるという調査結果を得た。また範囲を5キロに広げると所得水準が下がるものの、それでも400ドル以上が78%を占めるということも判明した。さらに車での所要時間を5分、10分、20分に区分し、人口と世帯数を割り出している。このような緻密な事前調査が2014年6月の開店時からのにぎわいの背景にある。

高所得層の消費志向を見逃さない

このようなメガリージョンに住む高所得層は、グローバルなトレンドに敏感に反応するという特徴を持っている。とくにiPhoneやGalaxyなどのスマートフォン市場や、マクドナルドやケンタッキーフライドチキンなどの外食産業、自動車などの大型耐久消費財の市場で、そうした傾向は強い。

近年、アジア新興国・途上国の街角にスターバックスを多く見かけるようになった。このような高価格帯コーヒーショップで、多くの現地の人たちがひと時を楽しんでいる背景には、高所得層が拡大していることだけでなく、多くの人が所得以上に消費を楽しもうとしている傾向が読み取れる。

アメリカの経済社会学者ソースティン・ヴェブレンは『有閑階級の理論』で、かつてアメリカの有閑階級の消費が、その財やサービスそのものの費消価値よりも、それを保有・費消することによって得られる優越感や、顕示欲求を満たすためであることを指摘した。

これは「見せびらかしの消費」とも呼ばれる行動であり、新興国・途上国の大都市やメガリージョンでみられる現象だ。いいかえれば自分のステータスを少しでも高く見せるために、競って高級品やトレンド製品を志向する、という行動を説明するのに役立つかもしれない。

2008年にインドの大手財閥系自動車メーカー（タタ）が、1台30万円という低価格帯の乗用車「ナノ」をＡＳＥＡＮ諸国で販売したことがある。当時、日本企業は、アジア新興国・途上国の市場を開拓するカギは価格を抑えた商品の投入と考えていたので、このナノの参入は自動車メーカーに衝撃を与えた。しかし販売業績は芳しくなかったようである。

不振に終わった原因のひとつは、ＡＳＥＡＮ諸国において自動車はステータスシンボルであり、まさしく顕示欲を満たす商品であったからに違いない。ＡＳＥＡＮ新興国・途上国では、中古でも日本車を選択する傾向が強い。

この点を勘案すれば、現在もなお高級ブランドとして認識されている日本製品は、そのブランド力の維持、強化に努力すべきである。新興国・途上国で躍進著しい韓国企業のサムスンやＬＧは、長年かけて市場開拓に注力してきた。その競争力の源泉はすでに価格からブランド力へ移ろうとしている。現地に出張する機会があるなら、彼らがメディアを通じてどのような宣伝活動を行っているかに注目してほしい。

また、このような高所得層の消費行動は、ＳＮＳの影響を強く受けている。先に示したように新興国・途上国の携帯電話の普及率は急上昇しており、近年はスマートフォンの所持者が急増している。彼ら彼女らの商品の選択は、ネット上での人気度に強く左右されるようになっている。

このことは日本を訪れる観光客の行動をみれば明らかであろう。いまや彼ら彼女らは、ガイドブックではなく、グーグルマップやフェイスブックを頼りに店を探している。つまり、このような高所得層を引きつけるためには、SNS上でどのような宣伝広告を行うかがカギになる。情報通信革命は新興国・途上国の生産だけでなく、消費の形も変えているのである。

カギは徹底的なインサイダー化

もちろん新興国・途上国の消費市場の魅力は高所得層にだけあるわけではない。急速に拡大している中間所得層にも引き続き目を向けるべきだ。

中間所得層を確保するためには、その地域の文化や習慣を観察し、ローカルな価値観と一致させた製品企画、もしくは新しい価値を吹き込むような製品が必要となる。そのためには製品の徹底的なインサイダー化（現地化）が重要となる。

タイに進出して50年近い歴史を持つ食品メーカー（グリコ）は、現地の好みにあった製品改良と販売網を強化してきた。主力製品である「ポッキー」には、グローバルなラインナップであるチョコレート、ストロベリー、ミルク、ブルーベリーなどを導入し、別の主力製品「プリッツ」ではタイの伝統的な料理にちなんだ「ラーブ味」や「トムヤムクン味」という製品を開発している。

流通面では、タイの気温に合わせてチョコレートが溶けにくいように成分を調整し、他方、タイの人気俳優をＣＭに起用することで、すっかり現地に根を張っている。２０１２年にはインドネシア市場に本格参入し、現地人気アイドルが出演するＣＭを制作・放映し、現地に溶け込もうとしている。

このような市場開拓のたゆまぬ試行錯誤が思わぬ成功をもたらすことがある。

その好例がタイでの缶コーヒー（味の素）のヒットである。

日本産の缶コーヒーは、１９９３年にタイで最初に販売されたが、当初は販路開拓に苦労したという。タイ人は缶飲料になじみがなかったうえ、当時はコーヒー文化がまだ根付いていなかった。加えて価格は巷のコーヒーにくらべて若干、高かった。

ところが思わぬところから突破口は開かれた。

タイでは、ガソリンスタンドにコンビニエンスストアが併設されていることが多いのだが、そこで売れ始めたのである。「眠気を覚ますことができる」「リフレッシュできる」として、主に30〜40代の男性ドライバーに圧倒的に支持されたのだ。

実際、筆者が毎年夏に実施する現地調査でお世話になるドライバーも、長距離運転の際は好んで缶コーヒーを口にしていた。彼らによれば、タイでは「缶コーヒー」は「滋養強壮ドリンク剤」と位置付けられているとのことである。ところがインドネシアでは、タイのようにはうまくいかないらしい。中間所得層の嗜好には地域性があるという。

インドネシアの成功例としては男性化粧品（マンダム）の市場拡大が有名である。

市場拡大のカギのひとつは、商品を小分けにして、1回使い切り、1袋300ルピア（約3円）で販売した施策にあったといわれている。インドネシアには小袋を板に張り付けて売るという伝統的な陳列方式があり、マンダムの販売方法はインドネシアの人たちに抵抗なく受け入れられたのだろう。同様に紙おむつを小分けに販売して売上を伸ばしている。

新興国・途上国の中間所得市場を確保するためには、価格を抑えればよい、というような単純なものではないのだ。

このように現地のニーズを反映したヒット商品は、水でも泡立つシャンプー、カギの付いた冷蔵庫、3人乗りを想定した長いシートのバイクなど数多い。これは消費財にとどまらず、高価な耐久消費財でも同様である。インドの薄型テレビ市場でシェアを奪回した日本メーカー（ソニー）の戦略は、インドの人たちが鮮やかな色を好むという点に着目し、色味が際立つように画質を調整したことにあるといわれている。

市場開拓に必要な人材とは

高所得市場にしろ、中間所得市場にしろ、その開拓の成否は、当該国の購入者の好みを製品に反映させているか、また担当者がそれを市場に認識させるような努力をしているかなどに左右される。

そこで、まずは当該国の文化・習慣を知るところから始めなければならない。この点を考えると従来とは異なる人材の投入が求められているが、日本企業の対応は十分とはいえない。

これまで日本企業が新興国・途上国に派遣してきた人材の多くは、生産拠点の開設や運営にかかわる点、たとえば、生産コストをいかに下げるか、品質をいかに上げるかという、いわば技術畑の専門性が高い人たちであった。また、その進出先の選定も、工業団地という比較的、整備された地域への進出が主であったことから、タイとフィリピンの進出を横並びで比較・検討することもできた。また先に進出した日本企業の経験が貴重な道しるべになった。

しかし、消費市場というものは当該国の文化や慣習などの観察なしには把握できない。タイとフィリピンについて、どちらに先に進出するかが検討の課題となったとしても、横並びでの評価はできない。販売する商品によって購入層も大きく異なるため、先に進出した企業の経験が参考になることもまれである。結局、自社の基準にもとづいた市場調査が必要となる。

日本が新興国・途上国市場において苦戦を強いられている原因のひとつは、市場をくまなく観察する人材を投入していないこと、地場企業と交渉を重ねるタフネゴシエーターが少なくなっていることにあるのかもしれない。

振り返れば、戦後から1970年代まで、日本製品を世界中に広めたのは商社であった。顧客獲得のためには命がけという彼らの仕事ぶりは、深田祐介の『炎熱商人』『神鷲《ガルーダ》商人』などの小説に垣間見ることができる。

その後の80年代と90年代はメーカーも自ら市場開拓に乗り出した時代であった。家電メーカーは市場の規模や水準だけでなく、現地の流通制度や庶民の生活様式まで丹念に調査していた。しかし2000年代以降、商社やメーカーが以前のような綿密な市場調査を継続しているかどうかは疑問である。反対に、市場調査を調査会社に委託する、市場の開拓を現地企業に丸投げする、という例をよく耳にするようになった。

市場調査に特別な技術は必要ない。日本で行っている市場調査と同じことを現地で行えばいい。「餅は餅屋」の視点での市場調査で十分である。ところが、新興国・途上国の市場開拓への派遣人材を選定する際に、TOEICなどの英語力を重視してはいないだろうか。優先されるべきは市場開拓のチャンスとリスクを見抜く能力であり、英語力ではない。ましてや新興国・途上国にどっぷりつかってしまえば、英語を話せる現地の人は少数である。国内市場担当者に通訳を同伴させて現地を回る方がずっと効果が高いだろう。

新「加工貿易」へ

第1章で述べたように、1990年代以降、日本企業の生産拠点が海外に移転するのにともない、日本からの輸出の主流は最終財から、部品や加工品などの中間財や、機械や設備などの資本財へと変化してきた。それにより、日本では原材料を輸入して最終財を輸出するという「加工貿易」が終わったとも述べた。

とはいえ、日本で生産される最終財すべての競争力が完全になくなったわけではない。新興国・途上国の生産と輸出に置き換わったのはコモディティ化された製品であり、人々が欲する製品を日本国内で作り続ける限り、日本からの最終財の輸出は残る。また政府が力をいれているシステムとしてのインフラ輸出も最終財のひとつといえよう。

つまり、市場が求めに応じて付加価値の高い製品を生産することで、日本は新しい加工貿易の道を切り開くことができる。それには前述のように対象とする国の市場の徹底的な調査が必要である。そのなかでも述べたように、まずターゲットとなるのは大都市・メガリージョンである。

さて、中国の富裕層の存在を公式統計『中国統計年鑑２０１６』から確認しておこう。**図表6-2**は２０００年以降の都市住民の上位20％の年間可処分所得の推移を示したものである。16年の1人当たり可処分所得は7万元であり、ドルベースに換算すれば1万ドルを超えてくる。これが１２０万円に相当するとして、世帯構成を3人から4人として計算すると、世帯当たりの収入は３６０万円から４８０万円になる。つまり都市住民の上位20％の購買力は日本に匹敵するとみてよい。中国の都市人口比率は50％程度なので、都市人口を6億５０００万人とすると、その20％は1億人を超えてくる。しかも、この公式データは所得額が過小評価されているといわれる。となれば、日本で売れる製品をそのまま売り込む販売努力をもっと展開すべきである。

中国の対日本消費財の輸入は、05年の28億ドルから16年には62億ドルに増加している。品目別で目につくのは紙おむつ、粉ミルク、ピアノなど、乳幼児向け製品である。子供にお金をかけるのは、アジア全体で広がる共通したトレンドである。その点で日本製品の

図表 6-2　都市住民上位20%の可処分所得

元/人・年

年	元	ドルレート	ドル
2000	11,299	8.3	1,365
2001	12,663	8.3	1,530
2002	15,460	8.3	1,868
2003	17,472	8.3	2,111
2004	20,102	8.3	2,429
2005	22,902	8.2	2,795
2006	25,411	8.0	3,187
2007	29,479	7.6	3,875
2008	34,668	6.9	4,989
2009	37,434	6.8	5,480
2010	41,158	6.8	6,079
2011	47,021	6.5	7,277
2012	51,456	6.3	8,152
2013	57,762	6.2	9,323
2014	61,615	6.1	10,030
2015	65,082	6.3	10,363
2016	70,348	6.6	10,595

（出所）『中国統計年鑑 2016』より作成

「安全」「安心」が評価されているといえる。

中国向け輸出に際しては、価格が決定的な要因となり、日本の参入の余地がないと考える人も多いかもしれないが、実際はその逆で、中国国内では生産できない高価なものが輸入されている。事実、中国の消費財輸入では03年以降、日本が首位を独占しており、品質の高い日本製品が中国の高所得層のニーズに応えている。ただし、シェアは2000年の23%から13年は10%に低下している。これは、現地生産が多くなったことに影響を受けたものと考えられるが、輸送コストが高いはずのEUからの消費財輸入のシェアが18%から34%と比率を高めていることを考えれば、そのブランド力が影響しているのかもしれない。

国際協力銀行のアンケートでは近年、韓国メーカーのブランド力が向上していることが示されている。韓国企業は、日本企業よりはるかにアジアでの宣伝・広告へ力を注いでいる。ブランド形成には時間がかかるが、その努力が報いられるほどの富裕層が存在することを忘れてはならない。

その点、すでに強いブランド力を持っている日本製品は、輸出における潜在力が高いと考えられる。日本国内での中国観光客の爆買いは、高所得層が増えたことに加え、日本製品が好まれていることを示すものである。すでに中国での国内生産を開始した日本製品についても、富裕層の一部ではメイド・イン・ジャパン、すなわち日本で生産された製品を選択するという傾向があるという。かつて日本において輸入品が、舶来品と呼ばれて特別視されていたことを思い起こせばうなずけよう。

また、爆買いの内容をみると、食品や薬、衣料から家電製品まで多岐にわたっていることがわかる。

また中国観光客の爆買いが大きいため見えにくくなっているが、他のアジア諸国からの観光客とそれに伴う消費も拡大している。つまりアジア中で、日本産の「安全」「安心」がブランドになっている。

この新「加工貿易」は次に述べるＥＣ（電子商取引）によってさらに促進される。

越境ＥＣ市場の拡大

このような爆買いは小型コンピュータとなったスマートフォンの普及に伴い、インターネットを介した個人輸入に置き換わろうとしている。いわゆる「越境ＥＣ」である。越境ＥＣでの購入は、国内の高い小売マージン（手数料）を回避できる上に、現在は一般輸入にかかる関税が軽減されるという利点もある。中国の大手ＥＣサイト「アリババ」や「Ｊ

D」（京東）のプラットフォームが、こうした越境ECの利用を加速させた。毎年11月11日「独身の日」に開催される一大バーゲンの売り上げは、2017年には3兆円を記録したという（国内外合算の数字）。

このようなプラットフォームの利用は日本からの輸出拡大に寄与するため、現在では多くの日本企業がECプラットフォーム上に出店している。

消費財を中心に日本製品の輸出が急増している背景には、日本を訪れる外国人観光客が日本製品の「安全」「安心」というブランドを、自国に伝えるメッセンジャー的な役割を演じているという面がある。いわば「インバウンド輸出」である。

こうした傾向は中国人観光客に特有のものではない。ASEANからの観光客も同様である。この越境ECの普及は日本の新しい輸出経路を開拓する可能性を持つ。ECによって、再び最終財を輸出できる経路が現れたのである。

この流れを強化するためには、日本製品の「安全」「安心」あるいは「かっこいい」「かわいい」をアピールするようなSNSでの発信がカギを握る。その際には現地で人気のあるインフルエンサーの採用も重要になる。

越境ECは、これまで受け身だった農林水産物貿易の輸出拡大という新しい可能性を切

図表6-3　日本の農林水産物の輸出額

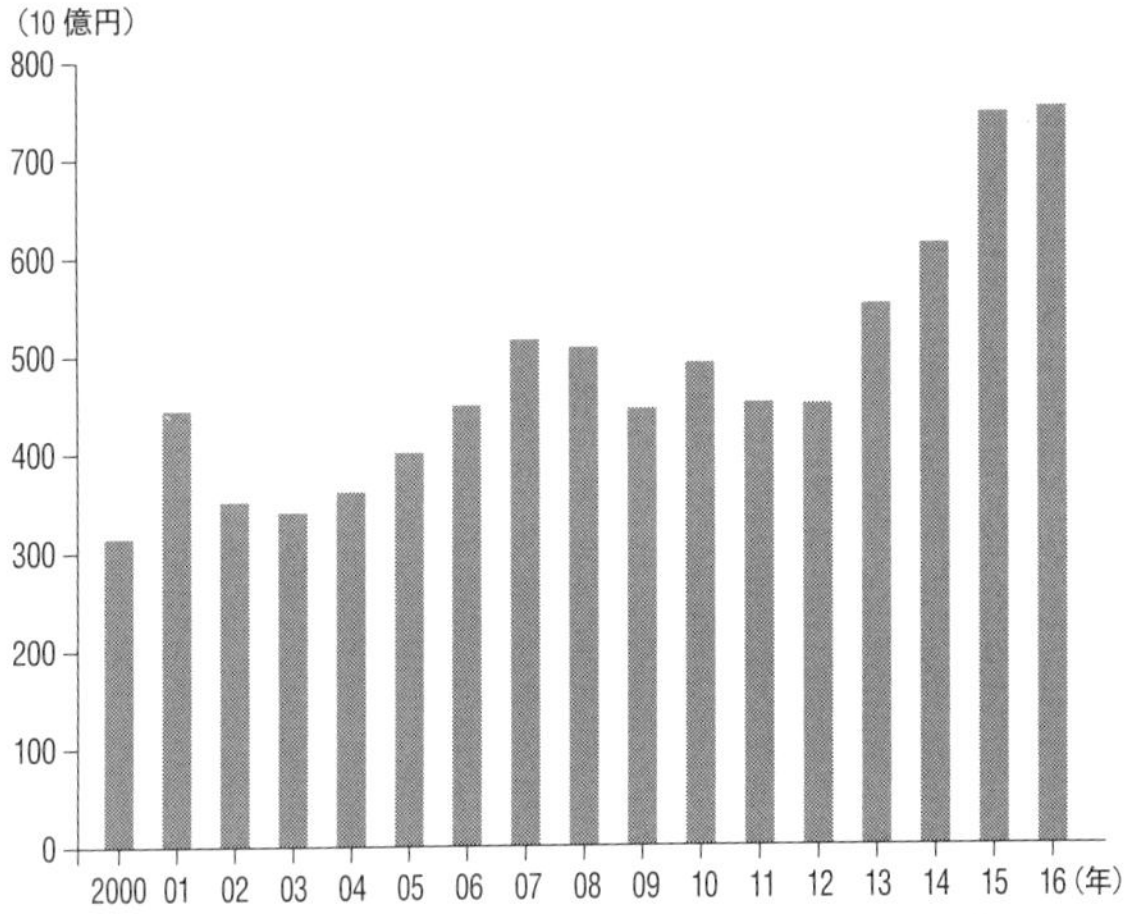

（資料）農林水産省「農林水産物輸出入概況」各年版より作成

り開いている。日本の農林水産物輸出は13年から毎年、過去最高額を更新しており、従来とは違った動きをみせている（**図表6―3**）。これは越境ＥＣの影響も少なくないと思われる。

越境ＥＣは新しい販売促進ツールだ。これまでだと農産物などを輸出するのはハードルが高かった。まず農協（ＪＡ）やＪＥＴＲＯを通じて外国で開催される見本市に参加を申し込む必要がある。そして現物を箱詰めして、自ら現地に乗り込み、顧客に商品を紹介する、という長い手続きを必要とした。しかし現在はインターネットに出品して、現地で人気の高いインフルエンサーが採用すれば、それで売れる。購入する富裕層はメガ都市に住んでいるため、流通インフラも整っている。たとえば「愛媛のみかんをアフリカに売る」ということも、それほど経費をかけずに実現できるようになってきたのだ。

農林水産物だけではない。地方の名産品も海外に輸出できるかもしれない。越境ECは地方再生のツールの一つになる。日本は再びブランドを形成できるチャンスを捉えるよう努力すべきである。

ASEAN市場にはFTAをフル活用

おもに第5章でASEANは生産のパートナーであると述べたが、それだけではなく消費市場のパートナーでもある。ASEANの名目GDPは、2005年の約1兆ドルから16年には2・5兆ドルに増加した。IMFの見通しでは22年には約4兆ドルに達する。この経済規模は16年のわが国の8割にすぎないが、物価水準を考慮した購買力平価ベースGDPでみると、ASEANの経済規模はすでに09年に日本を追い抜いており、16年は日本の1・4倍を有する。22年には1・8倍に拡大する見込みである。

12年以降、ASEANにおける自動車販売台数は年間300万台をコンスタントに超えており、消費市場が拡大しているだけでなく、高価な自動車を購入できる高所得層が厚いことがわかる。したがって中国同様に高所得層の消費をターゲットとしたＡＳＥＡＮ向け輸出も、今後視野に入れるべきである。

その際には、日本とＡＳＥＡＮの間で発効しているＥＰＡ（経済連携協定）を活用すべきである。

序章で述べた通り、わが国はシンガポール、マレーシア、タイ、ブルネイ、インドネシア、フィリピン、ベトナムと、2国間ＥＰＡをすでに結んでいる。ＡＳＥＡＮ全体についても08年にＥＰＡが発効している。シンガポールとベトナム、マレーシア、ブルネイとの間ではさらにＴＰＰが加わる見込である。

日本とＡＳＥＡＮのＥＰＡに含まれるＦＴＡ（自由貿易協定）は、シンガポールとブルネイを除き、相手国との発展段階の違いを考慮して設計されてきた。日本が発効と同時にほぼすべての品目の関税撤廃と関税率引き下げを実行するのに対し、相手国は10年間をかけて徐々に市場を開放するというものである。最終年度（10年目）に大幅な関税の撤廃、関税率の引き下げを予定している国もあり、その活用にはＦＴＡの内容（譲許表）を確かめる必要があった。

それでもＡＳＥＡＮのなかで最も発効が遅かったベトナムとのＥＰＡも、18年には10年目を迎える。つまり18年以降、ＡＳＥＡＮ向け輸出の関税率が大幅に低下する時期に来ているのだ。

ただ、こうした関税の撤廃や低税率の適用を受けようと考える場合、日本商工会議所などの第三者が証明する「原産地証明書」が必要になる。これはすでに触れたように、付加価値の40％以上が生産されたことを示す証明書だが、ＡＳＥＡＮ向け原産地証明書の発給件数は10年度の9万件から16年度には20万件へと倍増している。これまでは部品など中間財の輸出に使われることが多かった原産地証明書であるが、今後は高所得層を対象とした消費財の輸出にも活用されることが期待される。

そのためには政府のさらなる後押しが必要となろう。

まず、ＥＰＡとは、発効後も引き続き交渉を続けることで、より良い協定にするという性格を持つ。ＦＴＡでも関税率の引き下げを、今後の交渉を通じて決めることとした品目もある。日本の輸出に有利になる環境作りはＥＰＡが発効された後も続くものであり、より好条件を引き出す政府の努力を期待したい。

次に、日本の輸出者にとって、さらに使い勝手のよいものにする必要がある。中小企業がＥＰＡを利用している割合が低い。その原因として「ＥＰＡの制度や手続きそのものが知られていない」とする調査結果がある。成功事例を含め、国内での普及活動が求められる。

さらには手続きの簡素化と明確化も重要である。日本側の関税撤廃・関税率引き下げスケジュールについては、英語と日本語で発表されているが、相手国の関税撤廃のスケジュールについては日本語訳がない。日本からＡＳＥＡＮへの輸出促進を考えるのであれば、政府は仮訳でもいいから日本語版を用意しておくべきである。これは今後、発効が期待されるＴＰＰについてもいえることである。

第7章　日本の競争力をいかに高めるか

技術のプラットフォーム化

経済のグローバル化とデジタル化が進展し、新興国・途上国の追い上げがさらに加速するなかで、日本国内では付加価値を高めるためには何が必要だろうか。

ここまで、製造業を中心とする生産工程を世界的に分散することをグローバル・サプライチェーンとして議論してきたが、実際のサプライチェーンはもう少し長い。生産工程の前には、研究開発、企画・デザインの工程があり、生産工程の後には、販売やアフターサービスなどの活動がある。以下、この長いサプライチェーンから生み出される価値全体に目を向けたい。

これまでに、生産工程の前に位置する研究開発、企画・デザインや、生産工程の後に位置する販売・アフターサービスが生み出す付加価値は、生産工程が生み出すものよりも高いことが知られている。それを示したのが**図表7－1**である。この下に膨らみを持つカーブは、笑った口元に似ていることから「スマイルカーブ」と呼ばれる。

さらに近年の研究では、この付加価値比率のカーブの両端が時間とともに高まっていることが確認されている。iPhoneを例にとると、アップル社がデザインを企画し、ＯＳ

図表7-1　付加価値の源泉の変化（スマイルカーブ）

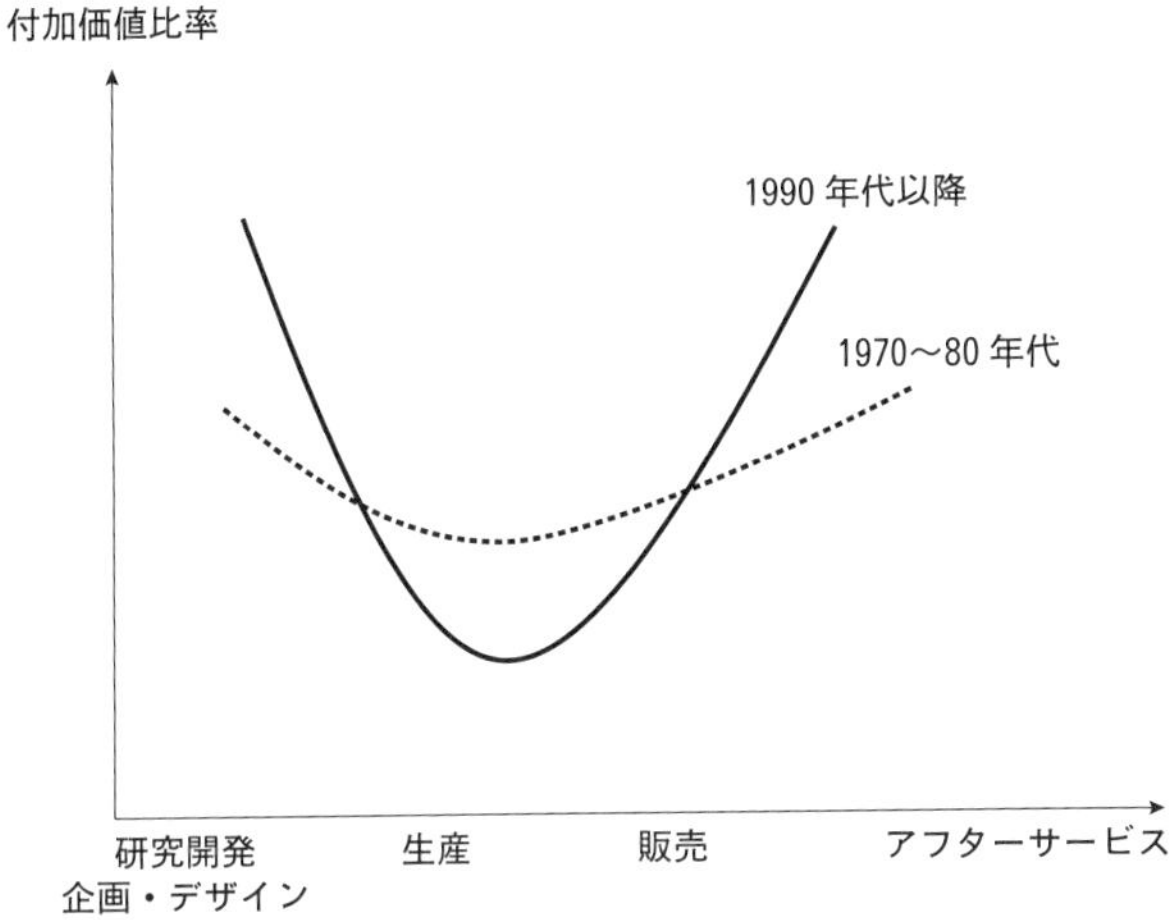

（出所）筆者作成

（オペレーティングシステム）など基幹システムについては独自性を確保しながら、生産工程だけを中国に外注するというバリューチェーンを形成している。そして、このバリューチェーンから生み出される利益の半分以上をアメリカが確保するシステムを構築しているのである。

したがって、日本が再び貿易立国を目指すためには、この企画・設計の付加価値を国内に残しながら、その機能を強化するという視点が重要になる。

たしかに、日本企業は技術革新を重視し、スマイルカーブの左側を確保するように努力してきた。問題は、技術革新によるうまみを長期間、維持できなかったことである。

知財戦略にくわしい小川紘一の『オープン&クローズ戦略』によれば、2005年にアメリカで登録された液晶パネルについて約2万5000件の特許のうち88%が日本企業によるものであったものの、液晶パネルの市場が立ち上がるタイミングから日本企業の市場シェアが急落したという。このように、新しい技術を生み出してもなかなか利益を維持できないという状況に対処するには、「プラットフォーム・リーダーシップ」を発揮して利益を長期的に維持するべきだと指摘している。ここでいうプラットフォームとは、開発したコア技術を封じ込めた中核部品のことで、多くの企業が独自の製品を作る際に、使用せざるを得ない中核部品のことである。加えて、それに関連する周辺モジュールの統合も進め、技術のブラックボックスの領域を拡大することが大切で、これをクローズ戦略と呼ぶ。

技術革新のタイムスパンが短い現在、多くの企業は新しい技術を開発するよりも、既存の技術の利用を急ぐ。プラットフォーム・リーダーシップを持つ企業は、その製品の外部のインターフェイス(接続)仕様を広く公開することで、顧客を拡大することができるという。これがオープン戦略であり、このオープンとクローズを組み合わせた戦略(オープン&クローズ戦略)が付加価値の維持を実現するとしている。

その最も典型的な成功企業はインテルである。

新興国・途上国企業は、インテルのブラックボックス化された技術を用いることで、完成品メーカー（たとえば日本の電機メーカー）に対抗することが可能になった。新興国・途上国の電子機器での台頭はインテルのオープン戦略に強い影響を受けているといえる。そして新興国・途上国の電子機器の生産と輸出が伸びるほど、インテルの部品の供給が増える仕組みになっているのである。CMのキャッチフレーズである「インテル入ってる」は、まさしくオープン＆クローズ戦略を象徴するフレーズである。

14年にトヨタは燃料電池車に関わる特許を無償で提供すると発表した。これもオープン＆クローズ戦略と捉えることができる。新興国・途上国の完成車メーカーはトヨタの技術を用いることで燃料電池を活用した自動車を生産することが可能になるかもしれないからだ。それは燃料電池自動車の販路拡大になり、他社メーカーの自動車に「トヨタの燃料電池が入っている」という時代が来るかもしれない。

技術のブラックボックス化

このオープン＆クローズ戦略は製品に含まれる部品だけでなく、技術のシステム化にも対象を拡大して検討すべきであろう。

世界的に議論の的になっている環境問題だが、その解決策のひとつに「スマートシティ（スマートコミュニティ）」がある。これは環境技術を集約した都市開発である。現在、スマートシティ建設によるインフラ輸出などが議論されているが、単に環境関連の機械・設備の輸出強化ではなく、システム全体を輸出製品に仕上げるという視点が重要である。

そのためには、スマートシティの造り込み、すなわちブラックボックス化を推し進める必要がある。

ブラックボックス化とは、単に技術の囲い込みだけで達成されるものではない。たとえば炭素繊維はブラックボックス化された競争力ある製品のひとつといわれている。組成自体は分析により解明できるものの、その作り方はわからない。作り方は、粘り強い試行錯誤の結果である。

そう考えると、スマートシティは、日本政府が指揮をとって、まず国内で建設すべきかもしれない。スマートシティを構成する技術は移転可能であるが、実際に使い勝手をよくするための工夫は「すり合せ」的なノウハウであり、その一部の移転だけでは効果を発揮しない。スマートシティ建設の過程での試行錯誤が、システムのブラックボックスとなり、日本の強みになる。このような街作りのプラットフォームの可能性は環境問題だけではなく、高齢者に優しい街作りなどにも活かせる視点である。

かつてシンガポール政府は、高齢者を見守るために、日本の湯沸かし器に注目していたことがある。少なくとも1日に1回は使う湯沸かし器に端末をつけて、そこからの情報を高齢者の安否確認に利用しようとしたのだ。湯沸かし器だけではなく、食事のケータリング、医療関連の施設や配置などまで、システムとして造り込めば、高齢化に対応したシステムとしての総合的なインフラとして輸出できるかもしれない。そこから生み出されるさまざまな技術の統合（システム化）がプラットフォームになる。

ただし、そのためには乗り越える課題がある。スマートシティにしろ、高齢者に優しい街作りにしろ、複数の企業の共同作業が必要となる。日本企業は、歴史的に競争相手に対する警戒感が強く、共通の目標を持った複数の企業からなる組織（コンソーシアム）の形成が苦手である。

複数の企業を束ねていくプロデューサー的存在が求められているのだ。幕末ではないが、薩長連合のような性格の違う組織の協力が日本を支える時代に突入しているのである。日本企業が技術で勝ち残っていくためには、それをシステムとしてまとめ上げ、稼ぐシステムに転換させるという能力が求められている。

課題市場としての日本

将来的に最終財として競争力を持つ製品のひとつは前述のスマートシティのような課題解決型の製品である。

元東京大学総長の小宮山宏『「課題先進国」日本』は、高齢化と少子化、都市問題、環境問題、エネルギー問題など、わが国が抱える数多くの課題を解決したならば、世界のフロントランナーに返り咲けるという見方を示した。すでに述べた通り、先進国だけでなく、新興国・途上国の大都市やメガリージョンは、日本と同じ問題を抱えつつある。

新興国・途上国政府や企業は日本の経験やノウハウに注目している。東日本大震災による原発問題の後、とくにアジアの新興国・途上国がエネルギー問題に敏感になったのもその一例だ。各国は再生エネルギー開発に取り組むとともに、日本の省エネ技術に高い関心を示すようになった。また、新興国・途上国でも高齢化が進みつつある国では、日本の介護用品や日本式介護サービスが徐々に市場規模を拡大している。つまり日本市場は、新興国・途上国の未来市場を先取りしているのだ。

したがって、新興国・途上国の市場開拓には、日本、とくに東京が抱える課題を解決する製品の開発が重要な意味を持つ。東京が世界最大の大都市・メガリージョンであることを忘れてはならない。そう考えれば、国内の地方企業も東京市場を開拓することに注力すべきである。東京で爆発的に売れる製品を開発すれば、それは将来、新興国・途上国でも売れる可能性が高い。いや他の先進国でも売れるだろう。実は市場開拓のために、わざわざ外国まで足を運ぶ必要はない。世界のアンテナショップのような市場を国内に持っている利点を活用するのだ。

ただし、ぼやぼやしていると、新興国・途上国の企業が、日本が抱える課題を解決する製品を開発してしまうかもしれない。実際、中国やＡＳＥＡＮ諸国はエネルギー問題や高齢社会に対して独自の取組みを始めている。環境対策として出てきた中国の電気バイクの発展はその一例である。大気汚染への対策として中国は電気自転車・バイクの生産を推奨してきた。最初は自転車に蓄電器を積んだ「格好の悪い」電気自転車であったが、10年以上経過した現在ではすっかり「格好の良い」電気バイクに変身している。日本では自転車と原付バイクの間の規制が厳しく、開発が進まないうちに中国が日本を追い抜いてしまった感がある。工学者の畑村洋太郎は『技術大国幻想の終わり』で、中国はこの技術をテコに電気自動車にまでもう一息であると、２０１５年の時点で指摘したが、その予言は現実となりつつある。

先にあげた「課題先進国」とは、わが国が解決策を見いだすことを前提としたネーミングである。解決できなければ単なる課題を抱えている先進国にすぎない。たとえば原子力発電所の問題を考えてみよう。停止か再稼働かを議論するだけでなく、原発の放射性廃棄物の処理問題にもっと注力すべきではないか。そこで解決方法を見いだしたならば、原発が停止されるにしろ、稼働に向かうにしろ、世界のエネルギー市場で最大の競争力を手にできるかもしれない。

日本が真の課題先進国になれるかどうかは、２０２０年の東京オリンピック・パラリンピックによって証明されるだろう。若者の祭典、オリンピックが行われる20年の東京は高齢化率（65歳以上の人口比率）が23％を超える「超高齢社会」に移行しているからだ。その時点で、環境や高齢者にやさしい東京を世界に示せれば、日本の将来は明るい。

「造り込む」文化の継承

経済のグローバル化やデジタル化が進むなかで、あえて日本の独自性を、独自の方法で追求することの必要性について述べたい。わが国には、いまだ「造り込む」という文化が根強く残っている。日本製品の失敗について「ガラパゴス化」がよく指摘されるが、造り込む文化なしに「ガラパゴス化」は起こらなかっただろう。ガラパゴス島の生物のように独自の進化を遂げ、世界標準からかけ離れた製品を生んだ規制や経営戦略は反省すべきであるが、造り込むという文化まで排除すべきではない。

むしろ造り込みが、日本独特の競争力を生み出す可能性がある。造り込みで世界的に大成功を収めたのはジブリ・アニメであろう。世界中でＣＧ（コンピュータ・グラフィックス）によるアニメ制作が一般化するなかで、宮崎駿と高畑勲が率いてきたスタジオジブリは、手書きにこだわり続けた。その結果、ジブリの作品は世界から評価されている。

造り込みが生み出す製品は、おそらくモノのインターネット化では代替できないだろう。デジタル化できない要素は生産プロセスにもある。スタジオジブリは、スタッフすべてが日本人で構成されていたという。そのことが、宮崎駿や高畑勲の吐く言葉のなかにある、言葉以上の情報をスタッフが共有して、作品に落とし込むことを可能にしたに違いない。

また驚くべきことに、スタジオジブリの作品は、世界市場を意識して作られたものではなかった。ジブリのプロデューサー鈴木敏夫の『仕事道楽　新版』によれば、ディズニーのように、世界中どこでも楽しめるというグローバル・スタンダードにはこだわらず、自らが追求してきた映像技術のなかから、時代性と普遍性が立ち上がる作品を作ってきたという。日本市場を対象とした造り込みが、世界で評価されるのである。スタジオジブリの成功は、宮崎駿、高畑勲という天才を有したという例外的なケースかもしれないが、グローバル化やデジタル化のなかで、日本で何を作るのかということへの答えのひとつだと考える。

グローバル化が進んでいるとはいえ、奇をてらったデザインは必要ないのかもしれない。スタジオジブリの『もののけ姫』や『千と千尋の神隠し』などは、世界中の人たちが理解しやすい表現を意識していたら生まれなかったかもしれない。熊本県のゆるキャラ「くまモン」は、グローバルな視点などないところから生まれたという。熊本県は自分たちの宣伝になればと、使用料もとっていない。このこだわりのなさが世界的にヒットを生んだ。ドイツの有名メーカーが作ったくまモンのぬいぐるみ1500体（1体約3万円）は、ウェブサイトを通して十数秒で完売したそうだ。

「アジアのなかの日本」のアジア化

２０１５年の『通商白書』は貿易だけでなく、「稼ぐ力」として外貨獲得のあらゆる手段をグローバル・ビジネスとして検討した。これまで日本企業のグローバル・ビジネスは、貿易や海外での事業展開などが主流であったが、今後は国内での事業展開（インバウンド）も同様に注目されるようになるとした。

そのひとつが、日本を観光立国にしようという計画である。

政府は13年に観光立国推進閣僚会議を立ち上げ、15年6月には「観光立国実現に向けたアクション・プログラム２０１５」を決めた。日本を訪れる外国人は、13年に初めて１０００万人を超えた。当初、政府は20年までに２０００万人を目指すという目標を立てたが、すでに16年の段階で２０００万人を超えた。18年には３０００万人を超えるものと見込まれている。

訪日外国人が急増した背景には、政府の政策が功を奏したことに加えて、格安航空便が増えたこと、日本の魅力がＳＮＳなどを通じて世界中に広まったことなどがある。そしてなによりも観光旅行を楽しめる新興国・途上国の富裕層が増えたことを軽視してはならない。

こうした外国人観光客の急増で、いま「インバウンド戦略」は観光ビジネスを指すものだと思われがちだ。しかしインバウンドという概念はもっと柔軟に、広くとらえるべきではないだろうか。本書で強調したいのは「情報のインバウンド」、すなわち外の世界の情報を受け入れるという姿勢である。

わが国は、種子島で手にいれた鉄砲をわずか1年の間に国内で製造したという。また近代化の過程で、「中国は戦艦を輸入したが、日本は戦艦を作る技術を輸入した」という興味深い指摘がある。戦後の貿易立国の実現は、欧米文明の単なる模倣ではなかった。欧米文明のつくり出した製品の欠陥を補い、大衆が楽しめる質と価格を実現させたからだという指摘もある。

日本の輸出競争力を高めるためには、世界で起こっていることをいま一度よく観察し、そして謙虚に学び、日本のオリジナリティを加えて作りかえる能力を発揮するべきだ。そこに造り込み文化は威力を発揮する。これは新しい取組ではない。貿易立国のスタート地点に戻るだけだ。

そして、今後は欧米諸国だけでなく、アジアに学ぶという姿勢が必要になるであろう。それこそが「アジアのなかの日本」という戦略の根幹である。経済のデジタル化が進むなかで、日本はアナログ社会を造り込んできたため、デジタル化を阻止する規制が多く存在する。逆にアジア新興国・途上国ではアナログ社会が浸透していないぶん、乗り物の配車アプリや決済・送金アプリが加速度的に普及している。社会のデジタル化が日本より急速に進んでいるのだ。デジタル化するだけではない。アジア新興国・途上国ではデジタル化の進展が早いだけに、デジタル社会の限界が現れるのも早いだろう。そのとき、その対処策としてのアナログ製品が出てくる可能性がある。日本はアジアに学ぶことが多い。

海外からの人的資本の誘致策

第2章で述べたように世界最大のメガリージョンは東京経済圏であり、日本が持続的に成長できるかは、東京が競争力を維持できるか否かにかかっているといっても過言ではない。

コロンビア大学教授のサスキア・サッセンは『グローバル・シティ』で、多国籍企業の本部の集積度や、金融やコンサルタントなど経営・会計に関するサービス産業の発展の度合から、東京をニューヨーク、ロンドン、パリ、フランクフルトと同様に、その他の国際都市とは区分して「グローバル・シティ」と名付けた。彼女の見立てによれば、東京はアジアで唯一のグローバル・シティである。

ただし、今後も東京がアジアのグローバル・シティとして君臨できるという保証はない。むしろアジアの大都市は東京との差を縮めているというのが実態である。いずれの都市も、多国籍企業の地域統括本部に対しては法人税率を引き下げている。非熟練労働者には厳しい入国規制を課す一方で専門的能力を持つ人材を誘致するという施策が一般化してきた。

ただし、シンガポールやソウルは東京経済圏に比べて人口規模が小さいことから、東京の全ての機能を脅かす存在にはならないだろう。東京の最大のライバルになる可能性が高いのは上海市である。上海市を中心に、隣接する江蘇省や浙江省に広がる市場の規模は1億人を超え、さらにその背後に広大な中国市場を有するからだ。上海市は2014年に「自由貿易試験区」の設置をスタートさせた。自由貿易と称しているものの、実際にはサービス部門の対外開放であり、上海市の都市競争力の強化策を意図したものである。

もっとも、上海市がグローバル・シティとなるために克服していく課題は多い。国内の他の大都市と競争していかなければならないこと、省間のさまざまな取引がスムーズではないことが足かせになっている。しかし13億人の国内市場を持つ上海市の潜在力を過小評価してはいけない。

このような競争激化のなかで、東京がアジア最大の都市機能を維持していくためには、グローバルな人材獲得策が必要である。実際に、政府は、デジタル関連の人材確保のためにインド人やベトナム人の在留期間を延長することなどを検討している。しかし規制緩和だけでは不十分である。とはいえ他国のように税制の優遇措置をとることは、厳しい財政状況にあるため難しい。オリジナリティのある人材誘致策を考え出さなくてはならない。

外国人を日本のシステムのなかで生かした例としては、モンゴル勢の活躍で人気回復を果たした大相撲がある。そのほかにも、ラグビー日本代表チームが、外国人監督と外国人プレーヤーの活躍によって、15年のワールドカップで3勝1敗の快挙を果たしたことは記憶に新しい。注意したいのは、いずれの外国人も日本の伝統やしきたりを十分理解してくれたことである。

金銭面だけが、外国人誘引の条件ではない。なにより日本を理解する外国人の方が、日本がオリジナルとする付加価値を高めるよう協力してくれる点に目を向けるべきであろう。このような外国人誘致なら地方創生にも活かせるはずだ。

新しい貿易立国のために

本書では、経済のグローバル化・デジタル化が進展するなかで、新興国・途上国経済の台頭への対処から、日本が貿易立国として復活する道筋を考えてきた。もちろん、新興国・途上国経済の影響力が時間とともに増大することを考えれば、日本の運命を輸出の拡大だけにゆだねるのは危険である。

加えて、天然資源に乏しいわが国が、食料やエネルギーを安定的に確保するためには、多様な外貨獲得ツールを確保しておくことが必須であることを勘案すれば、観光収入や海外で活躍する企業からのロイヤリティや配当、日本発の技術の対価としての特許料などの受け取り分を増やしていく必要がある。現実にその傾向にあることは好ましい。

新興国・途上国が競争力を高めるなかで、関税の撤廃や関税率の引き下げの効果が限定的なことは本書で繰り返し述べてきた通りである。そのためTPPの合意内容についても、関税の撤廃や関税率の引き下げと同時に、貿易外収支への効果を検討するべきである。

先進国にとって、TPPのような経済包括協定の果実は、関税の撤廃や、関税率の引き下げよりも、自分たちにとって使い勝手のよいビジネスルールの整備によってもたらされる。多くの技術特許を持つアメリカが、知的財産権の保護の厳格化と保護期間の長期化を目指したのは、その意味では当然である。中国がTPPに加盟することを想定して、アメリカ基準に従わせるという先手を取った戦略なのである。

内情は明らかにされていないが、日本政府もそのような視点から交渉を行ってきたのだと信じる。残念なのは、どのような交渉をし、それが実現すれば、どのように日本への資金還流が確保できるかが、私たちに見えてこないことにある。それが示されていれば、国内の議論はＴＰＰに対する懸念だけでなく、もっと生産性の高いものになっていただろう。

ＴＰＰに参加する新興国・途上国に対しては、国際入札におけるＴＰＰ加盟国への規制緩和や小売り事業参入に対する規制緩和などが可能になる、との報道はあった。ただし、ＴＰＰ加盟国は、これから合意内容について国内での調整を必要としており、その行方を注視していく必要がある。実際、アメリカ・トランプ政権が脱退したことをうけて、マレーシアやベトナムは当初のＴＰＰの規定の一部の受け入れを拒んだ。また、イギリスのＥＵ脱退（Ｂｒｅｘｉｔ）やアメリカ・トランプ政権のＮＡＦＴＡ（北米自由貿易協定）の脱退宣言などは、ＦＴＡやＥＰＡが強固なものでないことを示した。ＥＵのように比較的経済水準や文化が近い地域でもイギリスのような脱退が認められたことが今後、世界に及ぼす影響は小さくない。ＡＳＥＡＮ共同体やＴＰＰ、ＲＣＥＰ（東アジア地域包括的経済連携）に含まれる国々の所得水準や文化は、ＥＵに比べてはるかに多様であるからだ。

そうなれば、貿易立国の復活に向けては、ＴＰＰやＦＴＡにのみ期待するのではなく、日本企業の突破力を鍛えるべきと考え、ＴＰＰやＦＴＡはその潤滑油と位置付けた方がいい。ＴＰＰやＦＴＡがあろうとなかろうと、日本企業は活動の範囲を外に広げて、日本国内では得意分野での造り込みを通じて競争力を高めることが、貿易立国復活の王道である。

まことに小さな国が再び「坂の上の雲」を見いだす作業は、これで終わる。

これは四半世紀アジア研究に携わってきた筆者の観察と、そこから導きだされた結論である。

本書が、不透明な時代での日本の将来を考える一助となれば、幸いである。

あとがき

本書の構想には『坂の上の雲』が大きな影響を及ぼしている。

筆者は、司馬遼太郎氏のファンの一人であるが、戦記ものは得意ではなかった。『坂の上の雲』は何度も途中で挫折した本のひとつである。

しかし、2011年、シンガポールでのアジア・ビジネスに関する講演を契機に一気に読み終えることができた。講演の準備をしている際に、日本よりもASEANにいた方が世界の動きが見渡せるのではないかと感じたからである。事実、日本企業の本社はASEANを含めて新興国・途上国の実力を過小評価している。日本での講演でASEANの現状を伝えると、「そんなに発展しているのですか」という質問を受けることが多い。本書を読んで、そう感じた人も少なくないだろう。

さらにいえば、シンガポールが『坂の上の雲』のなかでの二〇三高地の記述とマッチしたのである。同書にある二〇三高地を奪還した際の表現、「見えます。まる見えであります」(文春文庫第5巻123ページ)というのは、ASEANを中心に四半世紀研究をしてきた筆者の実感に近かった。

不透明な時代にいる私たちには、世界を見渡せる場所がなによりも必要だ。それがシンガポールであり、タイ・バンコクであると考えたのである。本書ではＡＳＥＡＮを、とくにバンコクをその場所と考えたが、それがシンガポールであっても構わない。誰かがシンガポールを中心とした新たな戦略を書いてくださることを期待している。

また『坂の上の雲』のなかで、最新の設備を搭載したバルチック艦隊を迎え撃つためには旅順を支配する必要があり、そのために二〇三高地の確保が重要だったという記述にも興味をひかれた。筆者には、バルチック艦隊が、当時、育ちつつあった最新デジタル技術を装備した中国企業の存在とダブったのである。

日本の中国研究といえば、共産党の政治・外交問題、経済では国有企業の赤字経営やバブル経済の行方などマイナス面を対象としたものが多い。しかし見落としてならないのはアリババやテンセント、ファーウェイなどのデジタル企業である。彼らが世界的な競争力を持つ前に対抗策を準備すべきだと考えた。現実には、彼らの台頭は予想を遥かに上回る速さだった。二〇三高地も確保できないまま、バルチック艦隊が来てしまった感がある。

ただし『坂の上の雲』は小説である。すべてを現実に当てはめるのは愚かであろう。まして ビジネスは戦争ではない。共栄という道もありうる。事態はメディアが伝えるよりも深刻であるが、悲観論は必要ない。もちろん楽観論は問題外である。歴史を変えるためにできることは、現場で起こっていることを直視して、戦略を練ることである。『坂の上の雲』は、アジアにおける日本企業の立ち位置を考える視点を与えてくれたのである。

それ以外にも、筆者の調査のあり方、執筆の方法にも影響を及ぼした。正岡子規からは、風景をくまなく観察することの重要性を学んだ。「あしはこの小庭を写生することによって天地を見ることができるのじゃ」（文庫第2巻297ページ）。秋山好古からは、複雑なことをシンプルに考える必要性を学んだ。「単純であろうとしている……人生や国家を複雑に考えてゆくことも大事だが、それは他人にまかせる……いかにすれば勝つかということを考えてゆく」（文庫第1巻201ページ）。そして秋山真之からは戦略を策定するときは考えて、考えて、考え抜くことが重要であることを教わった。「つねにロシアの海軍の現勢と成長をあたまに入れつつ、日本の海軍の持ち駒を考え、それとの海戦を毎日のようにあたまのなかで設計しては消している」（文庫第2巻315ページ）。

個人の能力には限界がある。本書で示したのは、日本が新しい貿易立国を目指すためのアジアの見方と、その道筋についての個人的な見解にすぎない。本書を読み、様々なアジアの見方と戦略が出てくれば、それ以上の幸せはない。

本書は企画から完成まで5年を要した。編集担当の稲田勇夫さんの励ましがなければ、日の目をみなかったに違いない。心から感謝申し上げる。

なお本書における見解は個人的なものであり、筆者が所属する団体を代表するものではない。

参考文献

序章

司馬遼太郎（1999）『坂の上の雲』文春文庫
野口悠紀雄（2012）『製造業が日本を滅ぼす』ダイヤモンド社
小峰隆夫・村田啓子（2012）『貿易の知識（第三版）』日本経済新聞出版社
国際協力銀行（JBIC）（2017）「わが国製造業企業の海外事業展開に関する調査報告」
日本貿易振興機構（JETRO）（2016）「第26回アジア・オセアニア主要都市・地域の投資関連コスト比較」

第1章

通商産業省（1949）『通商白書』
経済企画庁（1956）『経済白書』
通商産業省（1965）『通商白書』
エズラ・F・ヴォーゲル（1979）『ジャパンアズナンバーワン』（広中和歌子・木本彰子訳）TBSブリタニカ

通商産業省（１９８０）『通商白書』
通商産業省（１９９３）『通商白書』

第２章

OECD（2012）Looking to 2060: Long-term global growth prospects　https://www.oecd.org/eco/outlook/2060%20policy%20paper%20FINAL.pdf
ADB（2011）Asia 2050: Realizing the Asian Century　https://www.adb.org/sites/default/files/publication/28608/asia2050-executive-summary.pdf
アンガス・マディソン（２００４）『経済統計で見る　世界経済２０００年史』（金森久雄監訳、政治経済研究所訳）柏書房
マイケル・スペンス（２０１１）『マルチスピード化する世界の中で―途上国の躍進とグローバル経済の大転換』（土方奈美訳）早川書房
イアン・ブレマー（２０１２）、『「Ｇゼロ」後の世界―主導国なき時代の勝者はだれか』（北沢格訳）日本経済新聞出版社
末廣昭（２０００）『キャッチアップ型工業化論』名古屋大学出版会
木村福成（２００３）「国際貿易理論の新たな潮流と東アジア」『開発金融研究所報』国際協力銀行
櫛田健児（２０１６）『シリコンバレー発　アルゴリズム革命の衝撃』朝日新聞出版

World Bank（2016）World Development Report 2016: Digital Dividends
Jim O'Neill（2001）Building Better Global Economic BRICs, Goldman Sachs Global Economics Paper No: 66 http://www.goldmansachs.com/our-thinking/archive/archive-pdfs/build-better-brics.pdf
IMF（2010）World Economic Outlook, April, 2010
ポール・コリアー（２００８）『最底辺の10億人』（中谷和男訳）日経ＢＰ社
リチャード・フロリダ（２００９）『クリエイティブ都市論』（井口典夫訳）ダイヤモンド社
増田寛也編著（２０１４）『地方消滅―東京一極集中が招く人口急減』中公新書

第３章

渡辺利夫（２０１０）『開発経済学入門（第三版）』東洋経済新報社
経済産業省（２０１７）「第46回海外事業活動基本調査結果概要」http://www.meti.go.jp/statistics/tyo/kaigaizi/result/h27data.html
加納啓良（２０１４）『「資源大国」東南アジア』歴史新書ｙ
鶴見良行（１９８２）『バナナと日本人』岩波新書
村井吉敬（１９８８）『エビと日本人』岩波新書
世界銀行（１９９４）『東アジアの奇跡』（白鳥正喜監訳、海外経済協力基金開発問題研究会訳）東洋経済新報社

ポール・クルーグマン（1994）「まぼろしのアジア経済（The Myth of the Asia's Miracle）」
末廣昭（1993）『タイ―開発と民主主義』岩波新書

第4章

経済産業省（2014）『通商白書』
深沢淳一・助川成也（2014）『ASEAN大市場《メガ》統合と日本』文眞堂
アジア開発銀行（2017）「GMS地域投資枠組み2022（GMS Regional Investment Framework 2022）」
外務省（2015）「日・メコン協力のための新東京戦略2015」
JETRO（2014）「在アジア・オセアニア日系企業実態調査」https://www.jetro.go.jp/ext_images/jfile/report/07001901_01a.pdf

第5章

World Bank（2007）An East Asian Renaissance
末廣昭（2014）『新興アジア経済論』岩波書店
内閣官房（2014）「我が国の技術を活かしたインフラ輸出の拡大に向けて」
松島大輔（2012）『空洞化のウソ―日本企業の「現地化」戦略』講談社現代新書

外務省（２０１７）「海外在留邦人数調査統計」http://www.mofa.go.jp/mofaj/toko/page22_000043.html
ヘンリー・ホームズ&スチャーダー・タントンタウィー（２０００）『タイ人と働く』（末廣昭訳・解説）めこん
泰日工業大学（２０１５）「ものづくり教育―ＴＮＩストーリー」http://www.tni.ac.th/web/upload/files/news/pdf/2558/tni_guide15012015.compressed.pdf

第6章

経済産業省（２００８）『通商白書』
National Statistical Office, Thailand (2016) Household Socio Economic Year 2015（タイ国家統計局「２０１５年家計経済社会調査」）http://web.nso.go.th/en/survey/house_seco/socio_15_Whole%20Kingdom.htm
ソースティン・ヴェブレン（１９９８）『有閑階級の理論』（高哲男訳）ちくま学芸文庫
深田祐介（１９８４）『炎熱商人』文春文庫
深田祐介（２００１）『神鷲《ガルーダ》商人』文春文庫
中国国家統計局編（２０１６）『中国統計年鑑２０１６』中国統計出版社

第7章

小川紘一（2014）『オープン&クローズ戦略』翔泳社
小宮山宏（2007）『「課題先進国」日本』中央公論新社
畑村洋太郎（2015）『技術大国幻想の終わり』講談社現代新書
鈴木敏夫（2014）『仕事道楽　新版』岩波新書
経済産業省（2015）『通商白書』
サスキア・サッセン（2008）『グローバル・シティ』（伊豫谷登士翁監訳、大井由紀他訳）筑摩書房

大泉啓一郎（おおいずみ けいいちろう）

1988年 京都大学大学院農学研究科修士課程を修了。2012年、京都大学博士（地域研究）。現在は日本総合研究所調査部の上席主任研究員として、アジアの人口変化と経済発展、アジアの都市化を巡る経済社会問題、アジアの経済統合・イノベーションなどの調査・研究に取り組む。東京大学大学院経済学研究科非常勤講師（アジア経済論）も務める。アジア全体の高齢化をいち早く指摘した『老いてゆくアジア』（中公新書）は大きな注目を集めた。著書は他にアジアの巨大都市「メガリージョン」に着目した『消費するアジア』（中公新書）などがある。

文春新書

1170

新貿易立国論《しんぼうえきりつこくろん》

2018年（平成30年）5月20日 第1刷発行

著　者	大泉啓一郎
発行者	鈴木洋嗣
発行所	株式会社 文藝春秋

〒102-8008 東京都千代田区紀尾井町3-23
電話（03）3265-1211（代表）

印刷所	理想社
付物印刷	大日本印刷
製本所	大口製本

定価はカバーに表示してあります。
万一、落丁・乱丁の場合は小社製作部宛お送り下さい。
送料小社負担でお取替え致します。

ISBN978-4-16-661170-6

◆経済と企業

税金 常識のウソ　神野直彦
アメリカは日本の消費税を許さない　岩本沙弓
税金を払わない巨大企業　富岡幸雄
トヨタ生産方式の逆襲　鈴村尚久
VWの失敗とエコカー戦争　香住 駿
朝日新聞 日本型組織の崩壊　朝日新聞記者有志
働く女子の運命　濱口桂一郎
無敵の仕事術　加藤 崇
「公益」資本主義　原 丈人
人工知能と経済の未来　井上智洋
お祈りメール来た、日本死ね　海老原嗣生
2040年全ビジネスモデル消滅　牧野知弘

◆世界の国と歴史

新・戦争論　池上 彰 佐藤 優
大世界史　池上 彰 佐藤 優
新・リーダー論　池上 彰 佐藤 優
二十世紀論　福田和也
歴史とはなにか　岡田英弘
新約聖書Ⅰ　新共同訳 佐藤 優解説
新約聖書Ⅱ　新共同訳 佐藤 優解説
ローマ人への20の質問　塩野七生
新・民族の世界地図　21世紀研究会編
地名の世界地図　21世紀研究会編
人名の世界地図　21世紀研究会編
常識の世界地図　21世紀研究会編
イスラームの世界地図　21世紀研究会編
食の世界地図　21世紀研究会編
武器の世界地図　21世紀研究会編
戦争の常識　鍛冶俊樹

フランス7つの謎　小田中直樹
ロシア 闇と魂の国家　亀山郁夫 佐藤 優
独裁者プーチン　名越健郎
イタリア人と日本人、どっちがバカ?　ファブリツィオ・グラッセッリ
イタリア「色悪党」列伝　ファブリツィオ・グラッセッリ
第一次世界大戦はなぜ始まったのか　別宮暖朗
イスラーム国の衝撃　池内 恵
グローバリズムが世界を滅ぼす　エマニュエル・トッド ハジュン・チャン他
「ドイツ帝国」が世界を破滅させる　エマニュエル・トッド 堀 茂樹訳
シャルリとは誰か?　エマニュエル・トッド 堀 茂樹訳
問題は英国ではない、EUなのだ　エマニュエル・トッド 堀 茂樹訳
世界最強の女帝 メルケルの謎　佐藤伸行
ドナルド・トランプ　佐藤伸行
日本の敵　宮家邦彦
「超」世界史・日本史　片山杜秀
戦争を始めるのは誰か　渡辺惣樹
オバマへの手紙　三山秀昭
熱狂する「神の国」アメリカ　松本佐保

文春新書好評既刊

井上久男
自動車会社が消える日
クルマの「スマホ化」やEV、自動運転技術の開発など、いま大変革期にある自動車産業。未来のクルマは？　自動車会社の将来は？

1147

湯之上隆
日本型モノづくりの敗北
零戦・半導体・テレビ
日本の技術力は高い――。では、なぜ半導体・電機業界が崩壊したのか？　日立の技術者から大学の研究者に転じた著者がえぐる真実
942

牧野知弘
２０４０年全ビジネスモデル消滅
高度成長期に日本を席巻したマクドナルドが凋落する一方、いまだに伸び続けるディズニーランド。ビジネスモデルで見る日本の未来
1108

小平達也
日本の会社40の弱点
外国人社員の証言
相談されると黙り込む上司。「できません」と堂々と言う部下。自己紹介は名前ではなく社名から…。外国人社員が語る日本人の不思議
945

米山伸郎
知立国家　イスラエル
軍事が生み出す驚異の最先端テクノロジー、ダントツの博士号取得者数とノーベル賞受賞者数。「知」に特化した最強国家の真実に迫る
1143

文藝春秋刊